Labor Mobility,
Fiscal Expenditure
Competition and Regional
Income Gap

劳动力流动、财政支出
竞争与地区收入差距

李承怡 ◎ 著

中国财经出版传媒集团

经济科学出版社
Economic Science Press

图书在版编目（CIP）数据

劳动力流动、财政支出竞争与地区收入差距／
李承怡著. —北京：经济科学出版社，2022. 11
ISBN 978 - 7 - 5218 - 4269 - 2

Ⅰ. ①劳⋯ Ⅱ. ①李⋯ Ⅲ. ①劳动力流动 - 影响 -
财政支出 - 研究 - 中国 Ⅳ. ①F812. 45

中国版本图书馆 CIP 数据核字（2022）第 214219 号

责任编辑：宋艳波
责任校对：靳玉环
责任印制：邱 天

劳动力流动、财政支出竞争与地区收入差距
李承怡 著
经济科学出版社出版、发行 新华书店经销
社址：北京市海淀区阜成路甲 28 号 邮编：100142
总编部电话：010 - 88191217 发行部电话：010 - 88191522
网址：www. esp. com. cn
电子邮箱：esp@ esp. com. cn
天猫网店：经济科学出版社旗舰店
网址：http: //jjkxcbs. tmall. com
固安华明印业有限公司印装
710 × 1000 16 开 11. 25 印张 200000 字
2022 年 12 月第 1 版 2022 年 12 月第 1 次印刷
ISBN 978 - 7 - 5218 - 4269 - 2 定价：68. 00 元
（图书出现印装问题，本社负责调换。电话：010 - 88191510）
（版权所有 侵权必究 打击盗版 举报热线：010 - 88191661
QQ：2242791300 营销中心电话：010 - 88191537
电子邮箱：dbts@ esp. com. cn）

前 言

　　中国经济在经历了持续几十年的高速增长之后，开启增速换挡，从高速增长阶段转向高质量发展阶段。其中，创新是推动经济高质量发展的第一动力，而创新又有两个决定性因素——人力资本和公共服务。知识和技术要依靠人去创造和掌握才有价值，因而人力资本才是第一资源；而人力资本的积累一方面是通过个人和家庭的努力与消费，另一方面是通过政府提供的公共服务，为了避免个人和家庭的贫富差距造成人力资本差距的进一步扩大，需要持续推进基本公共服务均等化，实现人力资本积累的机会平等。

　　在此背景下，本书以劳动力流动为切入点，探讨现行财政体制在有效提供公共服务和缩小地区收入差距方面所面临的主要问题，并完成了以下两个研究任务：一是在户籍制度深化改革的背景下，针对公共服务供给相对不足的问题，论证了居民的公共服务需求偏好表达机制已逐渐畅通，劳动力的自由流动将有助于地方政府改善财政支出结构，提高地方的公共服务供给水平；二是结合新经济地理学的视角，探讨基本公共服务均等化与劳动力流动未能缩小地区间收入差距的原因。

在地区层面，尽管分权改革塑造了增长型地方政府能在一定程度上解释财政支出结构的生产性偏向和公共服务的供给不足，但公共服务需求偏好表达机制的缺失也是造成这一结构扭曲的主要原因之一。过去大多数学者都将这一机制的缺失归因于户籍制度限制了劳动力的流动，但随着户籍制度改革的不断深化，劳动力流动已越来越频繁，因而"户籍制度限制了劳动力流动这一说法"似乎难以自圆其说。基于此，本书构建了一个财政支出竞争的理论模型，在不改变地方政府的增长目标下，放松了劳动力流动的假设，试图探索地方公共服务竞争机制在我国发挥作用的路径与前提条件。经过理论分析发现，居民公共服务的需求偏好表露机制在我国能够发挥一定作用，但其作用路径有别于传统的财政分权理论，是通过劳动力对经济增长的促进作用，从而形成了地方政府新的竞争机制——为人才而竞争。结合实证研究发现，在中央提出要全面推行居住证制度以来，随着户籍制度与公共服务权益的逐渐松绑，居民特别是流动人口对公共服务的需求表达机制得以畅通，这意味着当地方政府对流动人口与本地居民一视同仁时，劳动力的自由流动将形成地方政府为"人才而竞争"的机制，从而改善其公共服务供给水平。

在国家层面，随着劳动力的大规模流动和迁移，地区经济呈现分化趋势，鉴于此，中央政府先后出台并实施了一系列区域均衡发展战略。其中，基本公共服务均等化作为实现区域协调发展的重要路径被写入"十一五"规划。但在不断推进基本公共服务均等化的背景下，规模庞大的人口流动却未能带来新古典经济理论中所预期的地区间收入差距的收敛。因此，本书结合异质性劳动力流动和新经济地理学的视角，并找到了房价这一关键的传导机制，发现偏向中西部地区的土地供应政策与户籍制度改革的"放小抓大"，这两大制度障碍会通过公共服务资本化机制不断推高发达地区的房价，而高涨的房价对于不同技能劳动力的迁移行为会产生异质化的影响，进而造成地区间人力资本差距不断扩大，并最终导致地区间收入差距的扩大。

本书的创新主要包括三个方面：（1）从劳动力流动的视角深入地研究了地方政府财政支出行为。（2）结合卫健委的流动人口监测数据，动态地研究了居民的公共服务偏好显示机制。（3）结合新经济地理学的分析框架，探讨了基本公共服务均等化和劳动力流动未能缩小地区间收入差距的原因。

本书的内容安排如下：第一章为绪论，明确本书的研究主题；第二章分类梳理了与本书研究主题有关的相关文献，并在相应处给出评述；第三章总结归纳了本书研究分析的相关经典理论，为后续的机制分析奠定理论基础；第四章构建一个地方财政支出竞争的理论框架，探讨了蒂伯特的地方公共物品竞争理论在我国的作用路径与条件；第五章通过实证研究检验了劳动力流动对财政支出结构的非线性影响及居民的公共服务需求偏好表达机制；第六章结合新经济地理学的研究范式，通过房价这一关键传导机制，探讨了公共服务支出和异质性劳动力流动造成地区间收入差距扩大的原因；第七章通过实证分析检验了基本公共服务均等化和劳动力流动未能带来地区间收入差距缩小的原因及作用机制；第八章总结全书。

目录 CONTENTS

第一章

绪　论

第一节　选题背景

增长与衰退，都是经济的常态。从农耕时代到现代工业革命之前，人类经济的大部分时间都保持着极低速增长，直到工业革命之后，人类经济才迎来了爆发式增长；但曾长期领跑世界经济发展的发达国家，在创造过经济辉煌后都不可避免地从高速增长回落到中速增长甚至最终滑落至低速增长。与之形成对比的是，改革开放以来，中国经济持续高速增长，经济总量短时间内反超部分发达国家，跃居世界第二位，这吸引了大批学者对中国"经济增长之谜"展开研究。其中，学术界普遍认可的解释之一是中国式财政分权改革释放了我国地方政府发展经济的极大热情。中国式财政分权的核心内涵是经济分权与垂直的政治管理体制紧密结合，改革开放以来，我国打破了高度集中的计划经济体制，转而在经济领域进行了一系列旨在"放权让利"的分权式改革。政治垂直管理下的经济分权，既赋予了地方政府管理地方经济和配置资源的权利，同时又极大地释放了地方政府发展当地经济的动力。地方政府为了争夺经济资源促进当地经济增长，由此形成"为增长而竞争"的机制（张军，2005；傅勇和张晏，2007）。中国的成功经验表明，分权式改革的关键在于"做对激励"，"为增长而竞争"的激励机制是地方政府推动中国经济发展的重要源泉（王永钦等，2007）。

但在经济快速发展的同时，地方政府公共服务供给相对不足的问题一直困扰着中国财政分权体制①。回顾传统的财政分权理论，分权的必要性在于地方政府比中央政府更接近当地居民，对居民的公共物品消费偏好具有"信息优势"，因此由地方政府提供公共物品的效率会更高。值得注意的是，该理论隐含了一个前提假设，即地方政府会按照居民的意愿提供公共物品。在传统分权理论中，该假设通过"用手投票"与"用脚投票"机制而得以成立②。但在中国这却是一个需要深入探讨的问题，诸多研究表明，由于政治体制的差异与户籍制度的限制，"用手投票"和"用脚投票"机制在中国并不健全（汪永成，2008；王丽娟，2010；刘大帅和甘行琼，2013），从而无法确保地方政府按照居民的意愿提供公共物品；再加上在"为增长而竞争"的激励机制下，我国地方政府的竞争行为以经济增长为导向，进而导致其财政支出更侧重于能在经济增长上快速体现成效的生产性支出，形成了地方财政支出结构"重基本建设、轻人力资本投资和公共服务"的明显特征（傅勇和张晏，2007）。

但近年来，中国的经济发展发生了深刻变化，GDP 增速从 2010 年第一季度 12.2% 的峰值持续下滑，至 2019 年第四季度已降至 5.8%，增速减半并创下 2009 年以来的历史新低。这标志着中国经济已全面步入"新

---

① 王永钦等（2007）将中国式分权改革的代价归纳为三点：城乡与地区间收入差距不断扩大、地方保护主义和市场分割以及公共服务投入相对不足与效率低下。

② "用手投票"机制指的是，在公共物品供给的决策过程中，在事前议定的政治决策规则下，选民可以运用手中的投票权来表达对公共物品的需求。"用脚投票"机制指的是，每个地区税负不同并根据税收收入提供不同水平的公共物品，每位居民可以根据各地方政府提供的公共物品和税负的组合，来自由选择在令其最满意的地区定居，这样居民可通过迁移来表达自身的公共物品偏好。

常态"的阶段，迫切需要寻找和增强经济发展新动能，从而实现经济的高质量发展。过去 40 多年，我国规模庞大的人口流动为经济发展提供了大量廉价的劳动力，在有限供给的资本与接近"无限供给"的廉价劳动力之间，地方政府自然更侧重于为吸引资本流入而展开竞争，导致地方政府竞争策略以招商引资为主①。但随着"人口红利"的逐渐消失与廉价劳动力无限供给时代的终结，为了实现经济的可持续发展，中国迫切地寻求经济增长方式的转变，从依靠大规模劳动力和资本等生产要素投入的粗放型发展转变为创新驱动的集约型发展。物质资本是有限的，但创新是无限的，而创新驱动的实质是人才驱动，知识与技术要靠人去掌握才有价值，科技创新离不开高质量的劳动力与雄厚的人力资本，因此，高质量劳动力将成为各地区经济发展的关键要素。

高质量劳动力相比低质量劳动力的流动性更强，户籍制度对他们的约束力相对较小；并且，中央政府深化户籍制度改革、推进基本公共服务均等化的政策框架已愈发清晰。2012 年，党的十八大报告提出了要"加快改革户籍制度，有序推进农业转移人口市民化，努力实现城镇基本公共服务常住人口全覆盖"；2014 年，国务院又印发了《关于进一步推进户籍制度改革的意见》②，提出要推行居住证制度，旨在剥离捆绑在户籍上的利益分配功能，解决流动人口的公共服务歧视问题；2017 年，党的十九大报告进一步强调了要"破除妨碍劳动力、人才社会性流动的体制机制弊端，使人人都有通过辛勤劳动实现自身发展的机会"；2020 年，国务院印发了《关于构建更加完善的要素市场化配置体制机制的意见》③，再一次强调了要"深化户籍制度改革，畅通劳动力和人才社会性流动渠

---

① 如无特殊说明，本书的资本均指代物质资本，不包括人力资本。

② 《国务院关于进一步推进户籍制度改革的意见（国发〔2014〕25 号）》，中央人民政府门户网站，http：//www. gov. cn/zhengce/ content/ 2014 - 07/30/content_8944. htm。

③ 《中共中央 国务院关于构建更加完善的要素市场化配置体制机制的意见》，中央人民政府门户网站，http：//www. gov. cn/zhengce/2020 - 04/09/content_5500622. htm。

道"。同时，各地方政府也纷纷加入了人才的争夺战，积极推进各类人才引进优惠政策（陈秋玲等，2018；陈文权和李星，2018），甚至通过放低落户门槛有选择性地吸纳高质量人才（Xu et al.，2014；李拓等，2016；张海峰等，2019）。综上所述，现有研究对生产性支出偏向这一结论所给出的解释已难以完全自圆其说。

第二节　本书的研究问题与基本观点

基于上述背景介绍，笔者产生了一些不同于过往学术研究的理解与困惑。随着我国经济发展方式的转变，这是否意味着地方政府的竞争导向将从要素驱动与投资驱动下的资本竞争转向创新驱动下的人才竞争？随着户籍制度改革与基本公共服务均等化的不断推进，制约劳动力自由流动的体制"壁垒"被逐步打破，这是否意味着我国劳动力的自由流动能形成地方政府"为人才而竞争"的机制，从而促使其改善公共服务供给水平。

因此，本书将从劳动力流动的视角出发，在地方政府财政支出竞争的框架下，探索劳动力流动推动地方政府公共服务竞争机制在我国发挥作用的条件与路径。经研究发现，劳动力的流动能给地方政府带来新的竞争激励，从而改善地方政府财政支出结构的生产性偏向问题，提高地区的公共服务供给水平。但其中居民的公共服务需求偏好表露机制受到两方面因素的影响：其一，随着经济发展水平的不断提高，人民对美好生活的需求日益增长，因而居民自身对公共服务的需求在不断增强；其二，随着居住证制度在全国稳步铺开，户籍制度与基本公共服务权益逐渐松绑。

此外，上述研究主要从地区层面探讨了我国经济增长所面临的难题，而从国家整体层面来看，高质量发展面临的另一个问题是我国地区差距日益凸显。因此，本书继续结合公共服务和劳动力流动的视角，进一步探讨了地区收入差距扩大的形成原因。

综上所述，中国式财政分权在创造了中国增长奇迹的同时，在地区和国家层面上不可避免地造成了成本和"扭曲"。因此，本书以劳动力流动为切入点，试图探讨现行财政体制在有效提供公共服务和缩小地区差距方面所面临的主要问题。一是针对公共服务供给相对不足的问题。本书从理论与实证研究上证明了居民公共服务的需求偏好表达机制已逐渐健全，继续推进户籍制度改革与基本公共服务均等化将有助于进一步畅通居民的公共服务需求表达机制，为地方政府竞争提供新的激励——为人才而竞争，在此激励下地方政府不得不回应居民的公共服务需求，从而改善财政支出结构，提高公共服务供给水平。二是针对地区间收入差距不断扩大的问题。本书还进一步探讨了土地供给政策上的行政干预与户籍制度改革的不彻底，对基本公共服务均等化和劳动力流动促进地区间收入差距缩小的制约机制，并提出了破除这些体制障碍的相关政策建议，以期实现区域的均衡发展。

第三节 研究意义

本书的研究既具有重要的理论意义，也具有现实意义。

一、理论意义

本书的理论意义可归纳为两个方面。

一是本书的研究回归了传统的财政分权理论，扩充了我国财政竞争的理论研究。在公共服务相对供给不足方面，现有文献大多致力于研究如何构建实现基本公共服务均等化的财政转移支付制度来改善财政支出结构扭曲，但这些财政制度安排并未能从根本上改变地方政府竞争的激励机制。因此，本书在财政支出竞争的理论框架下，不改变我国地方政府"为增长而竞争"的激励机制，但尝试放松劳动力流动的假设，回归到传统财政竞争理论的思想起源——探讨蒂伯特（Tiebout，1956）的地方公共物品竞争理论在我国发挥作用的路径与条件，扩充了中国地方政府财政竞争的理论研究。

二是本书从公共服务与劳动力流动的视角，拓展了地区差距的理论研究。针对地区间收入差距扩大的问题，现有文献已从区域政策、要素流动、产业集聚等各个方面展开了全面、深入的研究，但少有文献结合公共服务与劳动力流动的视角来研究这一问题，因此，本书的研究还有效地补充了现有地区差距的理论研究。

二、现实意义

本书的现实意义也包括三个方面。

一是有助于指导地方政府工作职能转变，为地方政府竞争的激励机制调整提供理论依据。改革开放以来，地方政府为我国经济发展作出了极大的贡献，但在公共服务供给上也的确存在不足的问题，尽管中央层面一再呼吁地方政府在大力发展当地经济的同时要协调好当地经济发展与民生幸福的关系，并不断强调地方政府提供公共服务的职能，一再倡导政府工作职能的转变，但地方政府为招商引资、为经济增长而竞争的冲动和热情从未减退。这意味着，要彻底转变地方政府的竞争行为、改善财政支出结构，还需从竞争的激励机制上作出调整。因此，本书的研究有助于指导地方政府的职能转换，为激励机制的调整提供理论依据。

二是本书的研究为未来制定区域均衡发展战略提供了切实可行的改革方向。地区间发展不平衡问题愈发严峻，尽管早在"十二五"规划就已明确指出，我国区域发展的总体战略是要"充分发挥不同地区的比较优势，促进生产要素合理流动，深化区域合作，推进区域良性互动发展，逐步缩小区域发展差距"。但在户籍制度改革与基本公共服务均等化的稳步推进下，劳动力市场的一体化仍未能有效地促进地区间收入差距的缩小。因此，本书研究阻碍地区收入差距缩小的制度性障碍，为未来制定区域均衡发展战略提供了切实可行的改革方向，对实现区域均衡发展具有重要的现实意义。

三是本书的研究对我国实现可持续发展具有重要意义。在历经30多年的高速增长之后，中国经济已全面步入新常态的新阶段，我国社会主要矛盾已经转化为人民日益增长的美好生活需要和不平衡不充分的发展之间的矛盾；而本书所研究的公共服务供给相对不足与地区收入差距扩大的问题都是这一矛盾的不同表现形式，只有一一克服这些难题，才能实现我国经济的全面、协调、可持续发展，促进社会的和谐稳定。

第四节　概念界定

一、财政竞争

在分权体制下，政府的财政竞争可分为相同政府层级之间的横向竞争（如省级政府之间）及不同政府层级间的纵向竞争，本书仅研究省级政府之间的横向竞争问题。从财政竞争的手段来看，又可进一步分为财政收入和支出竞争：收入方面既包括财政总收入的竞争，也包括各类具体的财政收入的竞争（如税收、政府发债、非税收入等各类财政收入方面的竞争手段）；支出方面包括总的财政支出与各类支出的竞争（如经济建设支出、医疗卫生支出、教育支出等各类支出方面的竞争手段）。

国外有关财政竞争的研究主要以税收竞争为主，但正规合法的税收竞争的前提条件是地方政府拥有独立的税收立法权和征管权。但考虑在我国财政分权体制下，税收的立法权高度集中在中央政府，地方政府只拥有税收的征管权，因此，我国的地方政府只能利用税收优惠、税收返还等非常规政策工具展开竞争。2018 年国地税的合并，意味着我国税收征管体系已逐渐完善与规范化，地方政府税收竞争的手段只会越来越少、越来越隐蔽。综合以上因素，笔者认为，未来我国地方政府的支出竞争比税收竞争拥有更为广阔的政策空间。再者，本书主要关注的是公共服务相对供给不足的问题，即财政支出结构的生产性偏向问题，因此，本书仅研究省级政府之间横向的财政支出竞争。

延续地方政府竞争文献的传统做法，本书将政府的财政支出分为公共投资支出和公共服务支出两类。公共投资支出主要指代具有生产性的公共投入，如交通、通信、能源等方面的支出；公共服务支出则指代政府的各种福利性投入，主要包括医疗卫生、教育及文化等人力资本方面的投入。两者之间的区别在于：公共投资支出直接进入当期的生产函数，促进当期的经济发展；公共服务支出则进入居民的效用函数，改善居民的福利。对这一划分，有些学者可能会提出质疑，因为在内生增长理论中，包含教育、医疗等投入在内的人力资本投资是经济增长的重要源泉，这类投资也会作为一种生产要素直接进入生产函数（Lucas，1988）。再加上人力资本能减缓物质资本的边际报酬递减，因而，从长期来说人力资本投资也具有生产性。但与"长期"相对应的是，地方政府官员的有限任期会导致地方政府倾向于追求任期内的经济增长，尽管公共服务支出从长期来说是具有生产性的，但短期内并不能快速地拉动经济增长，更多地是为了满足居民的生活需求。因此本书的划分强调的是，公共投资能直接进入"当期的"生产函数，促进"当期的"经济发展，而公共服务支出则进入"当期的"居民效用函数，满足居民的生活需要。

与本书类似的划分方式还可以在有关基础设施的研究中找到，广义的基础设施可分为经济类基础设施和社会类基础设施。世界银行将经济类基础设施归纳为三大类：一是包括电力、电信、管道自来水、卫生与排污设施、固体垃圾收集与处理及管道煤气在内的公共设施；二是包括公路、大坝及用于排灌的渠道工程（即水利工程）在内的公共工程；三是包括城乡与城市间铁路、城市交通、港口、河道及机场在内的交通类设施与服务。而社会类基础设施则简要地概括为包含教育、医疗在内的社会事业服务（World Bank，1994）。在此定义基础上，我国学者结合历年的《中国固定资产投资统计年鉴》分别对经济类和社会类基础设施存量进行了测算（张军等，2007；金戈，2012；胡李鹏等，2016；金戈，2016）。对比来看，本书中对公共投资与公共服务支出的划分，类同于世界银行对经济类和社会类基础设施的划分。其他类似的划分方式还有，丁菊红和邓可斌（2008）将公共物品分为"软"公共品和"硬"公共品，他们将政府提供的所有有形的准公共品界定为"硬"公共品；将所有无形的准公共品，如医疗、教育则界定为"软"公共品。

二、劳动力流动

首先，除了劳动力流动这一概念外，本书还常提及人口流动、家庭流动这两个概念。一方面，这受限于数据的可得性，根据官方的宏观统计数据只能推算出人口流动的大致情况，缺乏对劳动力流动的详细统计。而考虑外出务工是人口流动的主要原因，研究劳动力流动的相关文献在宏观层面均使用人口流动的数据作为劳动力流动的替代变量（傅勇和张晏，2007；Yang et al.，2019）。另一方面，随着经济的发展，从流动模式上来看，家庭化流动已成为新的趋势（杨巧和李鹏举，2017），劳动力的流动已超越了仅自身流动的范围，还包括劳动力的配偶、子女及其他家庭成员的随迁，因此影响劳动力流动决策的因素中，除了劳动力自身的因素之外，还需考虑其家庭成员的特征及需求。总之，尽管人口流动与家庭流动的概念范围已超越了劳动力流动，但考虑现实的情况与数据的可得性，本书会根据研究内容的需要交替使用这三个概念。

另外一个让人混淆的概念是人口迁移与人口流动，国内相关文献中也经常混合使用。但在国际上一般只有"人口迁移（migration）"的概念，根据国际人口科学研究协会（IUSSP）1958 年为联合国主持编写的《多种语言人口学辞典》（以下简称《辞典》），迁移指的是"两个地理单元之间的地理或空间流动，这种流动通常会涉及居住地由流出地到流入地的变更"[①]。该《辞典》还建议了实践中划分迁移和访问（visitors）的标准应为"离开原居住地的时间长短，或在新居住地停留的时间长短"。换而言之，判定是否为迁移有两个参考标准：一是居住地是否发生变更；二是居住地发生变更的时间长短。之后，在 2013 年出版的《多种语言人口学辞典》（第二版）中再次强调了两个问题：一是迁移的概念只适用于具有固定居住地的人，如游牧民就不计入人口迁移的统计；二是迁移与短期流动（temporary moves）的区别在于迁移"不包括常住地址没有发生改变的短期旅行"，因此，诸如每日或每周从居住地到工作地或学习地的通勤往来、一年中周期性发生的季节性流动及过境、旅行都不包括在迁移之中[②]。综上所述，迁移必然具有两个特征——空间特征（即常住地址发生改变）和时间特征（即具有一定时长的流动）。

[①] 《多种语言人口学辞典（英文第一版）》（1958），联合国多种语言人口学辞典网，http：//www. demopaedia. org/tools/spip. php? page = terme &edition = en－I&section = 801&numterme = 1&terme = Migration。

[②] 《多种语言人口学辞典（英文第二版）》（2013），联合国多种语言人口学辞典网，http：//www. demopaedia. org/tools/spip. php? page = terme &edition ＝ en－ii&section = 801&numterme = 3&terme ＝ migration。

"人口流动"则是在中国户籍制度下诞生的一个特殊概念，中国特有的户籍管理制度衍生出"流动人口"这一特殊的群体，而这一群体的流动现象则称为"人口流动"。在中国，流动人口在传统的统计口径上通常指代那些离开户籍地的一类人。例如，第五次人口普查将流动人口界定为"居住在本乡镇街道半年以上，户口在外乡镇街道，以及居住在本乡镇街道不满半年，离开户口登记地所在的乡镇街道半年以上的两类人"；在卫健委的中国流动人口动态监测调查数据（CMDS）中，流动人口被定义为"在本地居住一个月及以上，非本区（县、市）户口的人"。上述定义均具有 IUSSP 的迁移定义所要求的两个特征，即空间（现居住地非户籍所在地）和时间特征（半年或一个月及以上）。但值得注意的是，上述"流动人口"的定义将户籍所在地等同于流出地，而当人口流动伴随着户籍的同步迁移时，这类人群的迁移就难以在相关流动人口调查数据中体现出来。因此，在中国"人口流动"的概念小于"人口迁移"的概念，人口流动只包括了人户分离的流动，而按照 IUSSP 的定义，人口迁移还应包括人户不分离的流动。另外，人户分离在我国还有更深层次的含义，系于户籍制度的公共服务权益导致流动人口无法与当地居民同等地享受基本公共服务，但国外已实现基本公共服务均等化，因而没有这方面的差异。

总的来说，本书在理论分析探讨时，提到的劳动力流动更接近"迁移"的概念，而在实证部分，受限于数据的可得性，则更接近人户分离的"流动"概念，但本书会交替使用迁移和流动这两个词，并不作严格区分。

最后，人口流动还可分为省内和省际的流动，根据《2018 年中国流动人口发展报告》，新生代流动人口（1980 年以后出生）中近一半为跨省流动。由于本书主要研究的是省级政府之间的财政支出竞争和劳动力流动等相关问题，因此如无特殊说明，本书中的劳动力流动仅指代跨省的劳动力流动。

第五节　研究设计

一、研究内容与思路

本书以劳动力流动为切入点，探讨现行财政体制在有效提供公共服务和缩小地区差距方面所面临的主要问题，试图同时完成以下两项研究任务：一是在财政支出竞争的理论框架下，考察在不改变地方政府的增长导向下，劳动力流动是否能形成地方政府"为人才而竞争"的有效机制，从而改善财政支出结构的生产性偏向问题。二是结合公共服务与劳动力流动的视角，进一步探讨偏向中西部地区的土地供应政策及户籍制度改革的"放小抓大"这两个制度障碍是如何扭曲劳动力的空间配置并造成地区间收入差距的扩大。如图 1 - 1 所示，本书的研究思路层层推进，理论与经验研究并重。

第一章介绍了本书的选题背景、研究问题、研究意义、研究设计及创新与不足，并对主要概念进行了界定。

第二章分类梳理总结了与本书主题相关的文献。第一节先是回顾了财政竞争方面具有代表性的理论和实证研究，梳理了财政竞争理论的发展过程，以及在此理论框架下地方政府的各种行为特征；之后，着重归纳了我国有关公共服务供给相对不足，即财政支出结构扭曲的形成原因及各位学者尝试解决这一问题的相关研究。第二节则梳理了国内外有关地区间收入差距的研究，并仔细探讨了涉及劳动力流动与地区间收入差距之间关联的相关文献。第三节为相关文献评述。

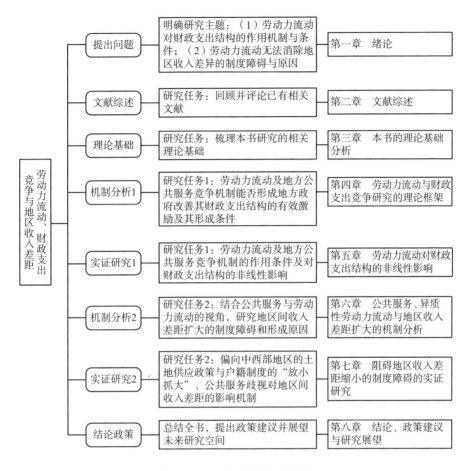

图 1-1 本书的研究思路框架

第三章总结归纳了与本书研究相关的理论基础分析。第一节总结归纳了财政竞争理论的思想起源与其中所蕴含的博弈论思想;第二节介绍了主流经济学中,分析地区差距的两个理论框架——新古典经济学与新经济地理学,并进一步梳理了有关人力资本异质性的相关理论;第三节为小结。

第四章构建了一个考察地方政府财政支出行为的理论模型。要考察地方政府的财政支出行为,首先要清楚地把握我国财政分权改革的背景和现状,因此第一节梳理了我国地方政府竞争的相关经济政治制度背景;

第二节和第三节构建了财政支出竞争的一般理论框架，基于劳动力流动的不同假设，比较了地方政府财政支出行为的变化；第四节进一步探讨了劳动力流动改善财政支出结构的决定因素——劳动力对公共服务的需求，并着重分析了户籍制度对劳动力的需求表达机制的可能影响；第五节为小结。

第五章首先使用分析离散选择的条件 Logit 模型，基于 CMDS 数据估计了劳动力对公共服务的需求，即对公共服务与私人消费的相对偏好，并分析了劳动力对公共服务的需求的变化趋势与可能的影响因素。其次，基于这一相对偏好并结合省级面板数据，采用门槛回归验证了劳动力流动及其对公共服务的需求偏好对财政支出结构的非线性影响。

第六章结合公共服务和劳动力流动的视角，并找到了房价这一关键的传导机制，深入探讨我国地区收入差距扩大的影响机制。首先，详细阐述了公共服务的房价资本化机制，在此基础上，重点探讨了偏向中西部地区的土地供给政策与户籍制度改革的不彻底这两大制度障碍会强化公共服务资本化机制不断推高发达地区的房价。其次，在考虑了劳动力异质性的基础上，分析了不断高涨的房价对不同技能劳动力流动的异质化影响及其最终导致地区间收入差距扩大的机制。

第七章通过实证研究检验土地供给政策与户籍制度这两大制度障碍对地区收入差距的负面影响。首先，基于 CMDS 数据从地区间家庭收入差距、居住成本对劳动力流动的异质性影响及地区人力资本差异三个方面进行了特征事实归纳。其次，结合微观与宏观数据进行了实证分析，先验证土地供应政策和户籍管制会强化高收入地区的公共服务资本化机制，进而推高该地区的房价，再检验了上述两个制度障碍通过房价阻碍地区收入差距缩小的传导机制。

第八章总结全书，提出政策建议，反思本书研究的不足并展望下一步研究。

二、研究方法与数据

在方法上，本书遵循了理论与经验并重的研究范式。

一是规范分析法。本书首先通过构建财政支出竞争的博弈模型，分析探讨了在劳动力流动的不同假设下，地方政府财政支出行为的转变。其次，通过规范分析，从公共服务出发，以房价为中间传导机制，探讨了在基本公共服务均等化背景下，劳动力流动未能缩小地区间收入差距的制度障碍。

二是实证分析法。结合 2011～2017 年中国流动人口动态监测调查数据（China Migrants Dynamic Survey，CMDS）与我国省级面板数据，通过建立条件 logit 模型、面板门槛模型、差分 GMM 估计等其他计量模型对规范分析的推论进行检验。其中，本书选取我国其中 31 个省份（不包括我国香港、澳门和台湾地区）作为研究对象。

本书使用的 CMDS 数据来源于国家卫生健康委流动人口数据平台[①]，而本书使用的各省的原始数据均取自历年《中国统计年鉴》《中国财政年鉴》《中国固定资产投资统计年鉴》《中国工业经济统计年鉴》《中国人口和就业统计年鉴》《中国教育年鉴》《中国人口统计年鉴》《中国人口普查资料》《中国住户调查年鉴》及各省、区、市的统计年鉴。

第六节　本书的创新与不足

本书在梳理有关文献与理论的基础上，结合理论与实证研究，从多种视角反思了传统分析框架的不足并加以拓展，主要的创新体现在以下

[①]　国家卫生健康委流动人口数据平台，http：//www.chinaldrk.org.cn/wjw/#/home。

三个方面。

1. 在劳动力流动的视角下，探讨了地方政府财政支出竞争的行为，回归了财政竞争理论的传统——蒂伯特的地方公共物品竞争理论。传统的财政竞争理论并没有对地方政府是否会按照居民的意愿提供公共服务这一问题投入过多的关注，这是由于西方联邦制国家的政治选举体制和生产要素的自由流动形成了"用手投票"与"用脚投票"机制，这两个机制对地方政府回应居民的公共服务偏好形成了有效的约束。不过在中国这是一个值得深入探讨的问题，在中国式分权改革背景下，经济分权与政治集权的紧密结合塑造了地方政府"为增长而竞争"的激励机制。过去，在研究地方政府财政支出结构失衡的问题上，学者们主要从"为增长而竞争"的激励机制造就了增长型地方政府这一视角来解释该问题。本书的研究发现，在经济新旧增长动能转换与户籍制度不断深化改革的大背景下，我国居民的公共服务需求偏好显示机制已逐渐畅通，其作用路径有别于传统的财政分权理论，是通过劳动力对经济增长的重要作用，从而形成了地方政府新的竞争激励——"为人才而竞争"，在此激励下，地方政府不得不回应劳动力的公共服务需求，改善财政支出结构，提高公共服务供给水平[1]。

2. 结合流动人口微观调查数据，动态地研究了居民的公共服务偏好显示机制。通过财政竞争理论模型的分析，本书发现了地方政府公共服务竞争在我国发挥作用的一个重要前提是居民对公共服务的需求偏好显示机制要畅通。不过理论模型仍然存在一些缺陷，在模型设定时抽象与简化是不可避免的，因而，一些复杂的现实情况无法完全体现在模型中。例如，居民的公共服务偏好会随着时间的推移而发生改变及中国特有的户籍制度会造成户籍人口与流动人口公共服务偏好的差异。因此，基于

---

[1] "用手投票"机制涉及我国与西方国家政治体制方面的差异，并非本书的研究重点，因而此处不展开分析。

理论模型的推论，本书还采用了流动人口微观调查数据，运用条件 Logit 模型对居民的公共服务偏好展开了深入的研究，并结合省级面板数据，运用门槛模型检验了劳动力流动对财政支出结构的非线性影响。经研究发现，随着经济发展水平的不断提高，居民自身日益增长的美好生活需求会增强居民对公共服务的需求。除此之外，随着居住证制度的稳步推进，户籍制度与公共服务权益的适当松绑，也有助于畅通居民特别是流动人口的公共服务偏好显示机制。

3. 结合公共服务与劳动力流动的视角，引入新经济地理学的分析框架，探讨了阻碍地区收入差距缩小的两大制度性障碍。上述的研究均基于新古典经济学的理论分析框架，不过该分析框架难以有效地解释地区收入差距扩大的原因。另外，现有文献也已从区域政策、要素流动、产业集聚等各个方面对地区收入差距扩大的原因进行了深入的研究，不过少有文献结合公共服务与劳动力流动的视角来研究这一问题。因此，本书从公共服务与劳动力流动的视角出发，找到了房价这一关键的传导机制，并引入新经济地理学的分析框架（如人力资本异质性与集聚效应），深入分析了阻碍地区收入差距缩小的两大制度性障碍——偏向中西部地区的土地供应政策与户籍制度的公共服务歧视性与改革的"放小抓大"，有效结合了多种理论的核心思想。

当然，本书的研究还存在许多不足之处，有待后续研究进一步完善与拓展，如理论模型的抽象与简化、实证数据的选择性偏差问题等，本书将在纵观全书后进一步详细阐述。

第二章

文献综述

目前，国内外学术界均认同，中国经济的高速增长得益于其经济政治管理体制的改革，中央政府通过政治管理体制的集中和向地方政府的经济分权，构造了有效的"为增长而竞争"的地方政府间竞争机制。但中国经济的飞速发展也付出了极高的代价，造成了许多负面影响，诸如地方保护主义、市场分割、重复建设、过度投资、人力资本投资不足、地区差距扩大及环境问题凸显等。在这些"为增长而竞争"所付出的代价中，与财政及劳动力流动最密切相关的两个问题是公共服务供给相对不足及地区间收入差距不断扩大。因此，本书将以劳动力流动为切入点，探讨现行财政体制在有效提供公共服务和缩小地区收入差距方面所面临的主要问题。

第一节　关于地方政府财政竞争的相关研究

地方政府竞争的概念最早源于蒂伯特（1956）的"用脚投票"理论，他认为由于居民是可流动的，他们会根据自己的偏好选择居住的社区，如果居民认为所在社区的税收和公共物品供给不相匹配，可以选择搬迁到其他社区。在此机制下，为了避免居民过多地流出导致财政收入流失从而无法维持政府的正常运转，地方政府不得不调整税率和提升公共物品的供给水平。因此，"用脚投票"机制会形成一个类似于市场竞争的机制，促使地方政府竞相提高公共服务供给水平，最终达到帕累托最优水平。

一、国外关于财政竞争的研究

在蒂伯特提出"用脚投票"理论之后，国外涌现出了大量研究地方政府税收竞争的文献。税收竞争的概念最早由奥茨（Oates，1972）提出，他认为地方政府之间的税收竞争会导致各地区竞相降低税率，财政收入随之减少，从而导致公共物品供给不足。目前，国外研究税收竞争的经典文献中所采用的理论模型均源自两个理论雏形，分别是由佐德罗夫和米什科夫斯基（Zodrow & Mieszkowski，1986）、威尔逊（Wilson，1986）提出的 ZMW 模型及由坎布尔和基恩（Kanbur & Keen，1993）提出的 KK 模型。之后，包括布科维茨基和威尔逊（Bucovetsky & Wilson，1991）、霍伊特（Hoyt，1991）、詹森和汤姆（Jensen & Toma，1991）在内的许多学者均在这两个基准模型上进行了拓展推演。以上理论研究均认为，横向税收竞争会产生财政负外部性从而形成税收的"逐底竞争"（race to the bottom）局面，最终导致各地区公共物品供给不足。同时，大量文献运用空间计量模型验证了这一税收"逐底竞争"的存在（Devereux et al.，2008；Hauptmeier et al.，2012；Egger & Raff，2015）[①]。值得注意的是，

---

① 德弗罗等（Devereux et al.，2008）采用了 1982～1999 年 21 个 OECD 国家的数据；豪普特迈尔等（Hauptmeier et al.，2012）采用了德国 1998～2004 年巴登－符腾堡州（Baden-Württemberg）的 1100 个自治市的数据；埃格和拉夫（Egger & Raff，2015）采用了 1982～2005 年 43 个 OECD 国家和发展中国家的数据。

上述文献都是基于"仁慈政府"的假设，而公共选择选派则基于"利维坦式政府"的假设，研究发现税收竞争有助于限制政府规模的无限扩张，从而提高社会的总体福利水平（Brennan & Buchanan，1977，1980）。

除了研究同级地方政府之间的横向税收竞争机制以外，许多学者还进一步研究了央地政府之间纵向税收竞争的机制。基恩（Keen，1998）研究发现，纵向的税收竞争会产生财政正外部性，这与横向税收竞争所产生的财政负外部性叠加在一起后，最终会导致结果存在不确定性，因此需根据模型的不同前提假设分类讨论。因而，横纵向税收竞争的交互作用在学术界至今都没有形成统一的结论，在作用过程中究竟哪一种竞争机制占主导地位也没有统一的论断（Wrede，1999；Keen & Kotsogiannis，2002，2004）。为了更加贴近现实，学者们还进一步考虑了央地政府之间的收入分成、转移支付等纵向财政制度安排，并试图探讨这些财政制度能否纠正上述两类财政竞争所带来的外部性（Fenge & Wrede，2007；Kelders & Koethenbuerger，2010；Kotsogiannis，2010；Wrede，2014；Silva，2017；Liesegang & Runkel，2018），这些研究均表明，纵向的财政制度安排可以在某种程度上抵消财政竞争所带来的外部性，但最终的效果仍取决于具体的财政制度安排[1]。

相较于主流的税收竞争研究，国外研究财政支出竞争的文献相对较少，原因可归纳为两点。一是因为大多数学者在模型设定时都考虑了政府的预算平衡因素，因而收入与支出两个变量之间相互影响，税收一旦确定支出水平也会随之确定，因此，政府的财政支出都内生于税收竞争的模型。二是学者们通常使用公共物品的供给水平作为衡量社会总福利的标准，换而言之，他们大多将财政支出水平作为衡量税收竞争结果的

---

① 如列塞冈和朗克尔（Liesegang & Runkel，2018）发现，基于税基均等化和税收均等化的财政均等化制度无法完全使竞争所导致的财政外部性内部化，但结合基于个人收入均等化的财政均等化制度则可以达成预期的效果，将财政竞争的外部效应全部内部化。

福利指标①。因此，早期大多文献的研究思路是，探讨税收竞争对财政支出规模或财政支出结构的影响。例如，松本（Matsumoto，1998）在 ZMW 模型上进一步扩展，假设公共基础设施投资的资金全部来源于资本税，若地方政府要展开基础设施支出竞争，必然就要提高资本税率，但这会造成资本的外流，从而导致税收收入下降、限制公共基础设施支出，最终，地方政府只能选择税收竞争而放弃支出竞争并造成公共基础设施供给不足。辛德里克斯等（Hindriks et al.，2008）建立了一个存在地区差异的序贯博弈模型，研究了税收竞争对公共投资的影响，他们发现地方政府为了减轻税收竞争的压力会降低公共投资规模，导致公共投资相对不足。

在专注研究财政支出竞争的文献中，学者们将财政支出进行分类，进一步探讨了各类支出之间的竞争，即财政支出结构，有些研究也结合了税收竞争。基恩和马尔昌德（Keen & Marchand，1997）的研究将公共物品分为两类，有助于快速促进经济增长的生产型公共投入与用于居民直接消费的消费型公共物品，在资本流动的框架下，地方政府竞争会导致其支出更偏向于生产型公共投入，而消费型公共物品则供给相对不足。贝因迪尔－厄普曼（Bayindir-Upmann，1998）的研究发现，当政府通过对工业资本征税为工业部门提供公共物品和服务时，支出竞争比税收竞争更激烈，在支出竞争下公共物品供给过剩，而税收竞争则会造成公共物品供给不足。蔡和特瑞斯曼（Cai & Treisman，2005）则将支出竞争模型进一步拓展，考虑了在地区资源禀赋差异下的不对称竞争，并将财政支出分为基础设施投资和其他公共支出，他们发现竞争的结果是地区间基础设施投资呈现强者恒强的两极分化局面。豪普特梅尔等（Hauptmeier et al.，2012）则直接在对称性税收竞争模型上引入公共投资作为新的竞

---

① 参照基准为社会最优的公共物品供给水平，该最优水平由萨缪尔森条件决定，即每个人对公共物品的边际效益之和等于提供这些公共物品的边际成本。

争策略，并结合空间计量进行实证分析，运用德国 1998 ~ 2004 年巴登 – 符腾堡州（Baden-Württemberg）1100 个市镇（municipalities）的数据，研究发现，如果临近的市镇采取减税政策，本市镇也会减税并进一步增加公共投资，而如果相邻的市镇选择增加公共投资，本市镇则会相应地增加公共投资，政府的竞争策略将更为灵活。

除此之外，还有部分学者在模型中引入了公共物品的规模效应，这一概念也是新经济地理学中集聚经济（agglomeration economies）的理论基础之一。凯德等（Kind et al.，2000）和博德威等（Boadway et al.，2004）都将新经济地理学的思想引入了税收竞争模型，但均未将公共支出纳入模型分析。在此基础上，鲍德温和克鲁格曼（Baldwin & Krugman，2004）建立了一个包含区域差异的核心—边缘模型，研究发现产业聚集会产生集聚租金（agglomeration rent），而这一集聚租金导致核心区域即使提高税率也不会造成资本外流，但集聚租金和区域一体化水平呈钟形分布，因此随着区域一体化的发展，核心—边缘区域之间的税收差异也会呈现先扩大后收敛的趋势。紧接着，布科维茨基（Bucovetsky，2005）基于基础设施的规模效应进一步探讨了公共支出竞争，区别于鲍尔温和克鲁格曼（Baldwin & Krugman，2004）的研究，他关注的生产要素为劳动力而非资本，同时他还假设劳动力并非全部都集中在一个地区，因而即使基础设施较差的地区也可以留住少量的劳动力。他的研究结论是，支出竞争的结果是颇具毁灭性的，支出竞争不仅会导致各个地区过多地投资基础设施，还会导致过多的地区进行投资，而公共投资所形成的集聚租金将会被这一恶性竞争所导致的效率下降抵消。

另外，上述文献中除了布科维茨基（Bucovetsky，2005）的研究外，其他文献均假设只有资本是自由流动而居民是不流动的。其逻辑在于，为了保证稳定的财政收入，政府会选择对流动性较强的税基（即资本）征收较低的税率，同时，对流动性较弱的税基（即居民收入）征收正常的税率以筹集足够的财政收入用于维持政府的正常运转和公共物品的供给。

二、国内关于财政竞争的研究

与国外研究十分类似，国内关于财政竞争的研究也主要围绕资本流动和税收竞争展开，有少量文献将税收竞争与支出竞争相结合，这些文献大多基于国外经典文献的理论模型并应用我国的面板数据进行实证检验。

沈坤荣和付文林（2006）分别对 1992 年与 2003 年的省级截面数据进行回归，对比发现，我国省际税收竞争是策略替代型，即各地区的地方政府采取差异化竞争策略，其原因在于，地方政府的征税努力程度与其财政丰裕状况相关，因此，经济发达的东部地区正在向公共服务竞争转变，单纯的税率竞争已不占优势。张晏（2007）构建了一个存在初始禀赋差异（如公共基础设施、劳动力、技术、环境等）的税收竞争模型，她发现地方政府为了吸引外商直接投资，会陷入税收的"逐底竞争"，最终导致社会福利的损失。付文林和耿强（2011）引入经济集聚因素，实证检验发现集聚效应会导致各地区采用不同的竞争策略：西部地区依赖高税负与高公共服务水平的竞争策略，而东中部地区则选择低税负的竞争策略。朱翠华和武力超（2013）基于我国 2006～2010 年地级市的面板数据总结了地方政府多重竞争策略之间的相互影响和特征。龙小宁等（2014）采用 2000～2006 年县级面板数据研究了企业所得税和营业税的税收竞争问题，他们发现两种税的竞争都是策略互补的，同时外资企业的税收竞争远高于内资企业。王佳杰等（2014）将非税收入引入了税收竞争的研究，并结合 2000～2011 年省级面板数据研究发现，地方政府间税收竞争和财政支出压力都是导致非税收入增长的原因。唐飞鹏（2016）从理论模型上探讨了财政竞争策略对企业迁移成本的影响，并结合实证分析发现，最优的财政竞争策略取决于地方政府的治理能力（即政府提供公共物品的边际效益，采用公共物品对企业利润的贡献度衡量），治理能力强的地区展开支出竞争，治理能力弱的地区展开税收竞争。刘穷志（2017）结合理论和实证分析检验了税收竞争对经济增长及收入分配的影响，发现税收竞争会导致地方政府追求高增长、低税负（即不分配）的政策，从而造成收入不平等扩大，但良好的投资环境既能保持高增长又能抑制收入不平等，因而建议保持适度税负的同时不断改善投资环境。钱金保和才国伟（2017）基于 2005～2011 年地级市的面板数据构建了空间计量模型，通过识别策略发现地方间税收策略互动的主要成因为标杆竞争，税收竞争相对次要；他们还发现，省市两级政府间存在激烈的纵向竞争。其他的拓展还包括引入地方政府债务、土地财政、转移支付机制等（范剑勇和莫家伟，2014；Guo & Shi，2018）。

三、国内关于财政支出结构扭曲的研究

在我国，分权所伴随的财政支出结构扭曲问题一直饱受争议，造成这一扭曲的原因可以追溯到财政竞争理论。前面已稍有提及，基恩和马钱德（Keen & Marchand，1997）开创性地将税收竞争模型拓展到公共支出竞争领域，研究发现在居民无法自由流动的假设下，地方政府为了竞争流动资本会过多地投入生产型公共物品，从而挤占消费型公共物品的投入。

上述支出竞争理论与另外两个理论假说相结合，解释了以下两个方面。一是基于中国式分权与经济发展经验的"维护市场型联邦主义"假说（Qian & Xu，1993；Qian & Weingast，1997），为了促进经济增长进而提高财政收入，地方政府会加大基础设施等生产性公共支出，进而导致其他公共服务支出相对不足（王永钦等，2007；尹振东和汤玉刚，2016；

马光荣等, 2019)。二是官员"晋升锦标赛"与标尺竞争假说 (周黎安,
2004; Li & Zhou, 2005), 结合这一假说张军等 (2007)、傅勇和张晏
(2007) 及龚锋和卢洪友 (2009) 等研究发现, 由于官员的政绩考核、升
迁均与其辖区内的经济增长绩效挂钩, 从而塑造了地方官员"为增长而
竞争"的激励机制。

之后, 学者们基于中国各级行政单位的面板数据进行了实证研究,
均证实了"为增长而竞争"的激励机制会造成财政支出结构扭曲 (朱红
琼, 2008; 尹恒和朱虹, 2011; 肖洁等, 2015)。在此基础上, 其他学者
还进一步引入了转移支付、土地财政、税收分成比例等制度层面的因素,
通过实证检验证实了上述因素均会加剧财政支出结构的扭曲 (吕炜和郑
尚植, 2012; 李一花等, 2015; 胡文骏和刘晔, 2016; 李永友和张子楠,
2017; 马光荣等, 2019)。

针对财政支出结构扭曲的问题, 传统财政竞争理论中最常用的解决
办法是引入上级政府的干预, 即通过中央政府的转移支付来引导、规范
地方政府的支出行为偏向 (Bucovetsky & Smart, 2006; Hindriks et al.,
2008)。国内的学者从理论和实证层面都对此进行了深入的研究 (吕炜和
郑尚植, 2012; 何强和董志勇, 2015; 亢寿伟和胡洪曙, 2015; 尹振东和
汤玉刚, 2016), 研究结论较为一致, 即通过转移支付制度的合理设计,
可以有效缓解甚至消除地方政府的支出行为偏向, 但转移支付制度的设
计仍面临极大的挑战, 且会因管理不当和设计缺陷而造成严重的官员腐
败与寻租问题。

另外, 值得注意的是, 前面提到的文献大多都是基于居民不流动、
资本流动的假设。然而, 追溯到财政竞争理论的思想起源——公共物品
竞争理论则会发现目前大部分理论研究的假设均与该理论有些出入。公
共物品竞争理论认为, 居民的自由流动有助于改善地方政府的公共物品
供给水平, 但现有文献仅仅将"用脚投票"理论运用到了资本这一生产

要素的流动上。对于这一理论假设，国内的学者大多用由于户籍制度的限制导致居民的"用脚投票"机制在中国不适用等类似的话一句带过（汪永成，2008；王丽娟，2010；刘大帅和甘行琼，2013）。

当然，仍有少量的文献试图放松居民不能自由流动的假设，研究人口流动对公共物品供给的影响。伍文中（2011）基于1995～2006年省级数据研究发现，人口流入地的社会服务性支出（包括教育、卫生医疗及社会保障支出）不增反降，他认为这是因为户籍制度导致了人口流动与社会服务性支出脱节。付文林（2012）构建了一个包含流动人口在内的公共物品需求决策模型，并结合我国1997～2009年省级数据研究发现，人口的流入会显著增加地区社会管理类财政支出（如行政管理、公检法司支出），但对文教卫类支出的影响相对较小，这意味着地方政府在履行民生性公共物品供给上的缺位问题广泛存在，他们认为造成这一结果的原因在于不同类型的公共物品的户籍性歧视程度不同。吕炜和郑尚植（2012）建立了一个资本和劳动力都能完全流动的财政支出竞争模型，通过推导发现由于私人资本和劳动力在生产中的互补关系，为了吸引资本流入，地方政府在加大生产型公共投入之余，也需要相应地增加公共服务支出以防劳动力的外流，但最终能否改善支出结构扭曲仍取决于两类支出对于资本和流动力的吸引程度；在此基础上结合1997～2009年的省级面板数据，研究发现，目前我国劳动力的流动无法改善支出结构扭曲问题，甚至还会降低公共服务支出，他们认为这可能是由于户籍制度限制了蒂伯特地方公共物品竞争机制的发挥，但对于户籍制度的影响没有展开讨论。朱洁和苏雯锦（2017）将财政支出分为三类——维持型、消费型和生产型支出①。经研究发现，人口净迁移率对消费型支出具有显著

---

① 维持型支出包括：一般公共服务支出、公共安全支出、城乡社区事务支出；消费型支出包括教育支出、科学技术支出、文化体育与传媒支出、社会保障和就业支出、医疗卫生支出、环境保护支出；生产型支出包括农林水事务支出、交通运输支出、粮油物资储备事务支出、资源勘探电力信息支出。

的正向影响，这是因为随着人口流入规模的扩大，会造成消费型公共服务的拥挤，降低该地区对其他地区居民的吸引力，因而地方政府需进一步加大消费型支出以吸引更多的人口流入。杨等（Yang et al., 2019）基于户籍人口和流动人口在享受公共服务方面的差异，建立了一个包含劳动力流动的财政支出竞争模型，并采用我国 2010～2016 年的 274 个地级市面板数据检验了两类劳动力的流动性对于财政支出的影响；研究发现，劳动力的流动性增加会促进地方政府提高民生性公共支出，具体而言，随着常住人口迁移率的增加，地方政府会提高教育与医疗支出，随着户籍人口迁移率的增加，地方政府会提高环境保护支出。

综上所述，随着时间的推移研究结论发生了改变，我国早期的经验数据难以支撑蒂伯特理论，但随着户籍制度改革的深化，近期的经验证据表明蒂伯特的地方公共物品竞争机制在我国能发挥一定的作用，提高民生性财政支出水平。但总体而言，国内关于地方公共服务竞争的研究略有不足。

第二节　关于地区间收入差距的相关研究

改革开放以来，随着中国经济的高速发展，居民的收入水平在不断提高，但收入差距也在不断扩大，这既包括地区间收入差距的扩大，也包括地区内部城乡收入差距的扩大。由于本书以省际劳动力流动为切入点，因此本书仅关注省际收入差距扩大的问题，接下来将梳理关于地区间收入差距的相关文献，并重点探讨劳动力流动与地区收入差距的相关研究。

一、关于地区收入差距的研究

从现有的研究来看，早期国外的经验数据呈现出地区收入收敛的趋势（Barro & Sala-i-Martin，1992；Mankiw et al.，1992；Blanchard & Katz，1999），但近年来国外学者又普遍检验出地区收入收敛趋势出现减弱的迹象（Glaeser，2013；Ganong & Shoag，2017；Giannone，2017；Comin & Mestieri，2018）。在中国，地区收入差距的变化趋势随时间推移呈现阶段性特征，具体为：改革开放以前，地区收入差距呈现"先扩大，后缩小"的趋势（金相郁和武鹏，2010）；改革开放以后，则呈现"先缩小，后扩大"的特征，随着城市经济体制改革的全面展开，1985 年以后地区收入差距呈现明显的扩大趋势。近年来尽管有部分研究认为地区间收入差距的扩大速度有所弱化，但扩大的总体趋势仍然没有改变（钟笑寒，2005；李晓宁等，2007；许召元和李善同，2008；金相郁和武鹏，2010；周云波等，2010；吴彬彬和李实，2018）。

由于国外的经验数据呈现地区收入收敛趋势，因而外国学者对该收敛机制进行了深入的研究。早期的研究主要基于新古典经济学理论，分别从资本流动、自由贸易、劳动力的结构性调整及种族歧视等方面，全面地检验了生产要素的流动及其影响机制对于地区收入收敛的促进作用（Baumol，1986；Barro & Sala-i-Martin，1992；Bernard & Jones，1996；Kim，1998；Caselli & Coleman II，2001；Michaels et al.，2012）。而关于收敛趋势弱化的原因，国外学者则主要从人力资本异质性、技能偏向型技术进步、集聚效应及住房供给弹性等视角进行了检验，他们发现上述因素会导致生产要素分布不均衡，进而造成经济活动的空间分布差异，弱化新古典经济学假设下要素流动促进地区收入收敛的机制（Autor & Dorn，2013；Diamond，2016；Ganong & Shoag，2017；Giannone，2017；Baum-Snow et al.，2018；Hsieh et al.，2019）。

由于国内的经验证据与国外相反，因此国内学者主要研究地区收入差距扩大的原因。早期的研究同样基于新古典经济学理论，主要从国家发展战略、地区比较优势、全球化与贸易自由、劳动力流动、劳动力市场分割、土地供应政策等多种角度对我国地区收入差距的形成原因进行了深入的研究（林毅夫和刘培林，2003；万广华等，2005；钟笑寒，2006；李晓宁和姚延婷，2012；陆铭等，2015；周云波等，2015）。近期，许多学者还引入了新经济地理学的分析框架，转向从产业集聚、市场潜能、出口贸易、外商直接投资、劳动力聚集、技能偏向型技术进步等视角分析这些因素对地区收入差距的影响（范剑勇和张雁，2009；刘修岩等，2007；陈波和贺超群，2013；杨仁发，2013；周云波等，2015；邵宜航等，2016；陈勇和柏喆，2018）。

纵观这些文献，关于地区收入差距收敛和扩大机制的研究思路与视角在不断地拓展，同时还伴随着理论分析框架从新古典经济学向新经济地理学的转变。

二、劳动力流动与地区收入差距的研究

从国外的研究经验来看，劳动力流动是否有助于地区收入差距的缩小，学者们并没有得到一致的结论。早期根据新古典经济学理论，由于劳动力的边际报酬递减，因而当劳动力从低收入地区流向高收入地区，会提高低收入地区劳动力的边际报酬，降低高收入地区劳动力的边际报酬，进而促进地区间收入差距收敛（Barro & Sala-i-Martin，1990；Taylor & Williamson，1997）。但仍有一部分实证结果并不支持这一理论，他们发现劳动力的迁移会造成地区间收入差距的扩大，这一理论与现实的相悖被称为"迁移谜题"（Barro & Sala-i-Martin，1990；Shioji，2001）。

针对这一理论与现实的矛盾，国外学者从不同角度给出了各自的解释。泰勒和威廉姆森（Taylor & Williamson，1997）构建了一个局部均衡的开放经济模型，研究发现尽管劳动力的流动能够促进地区工资差距收敛，但是诸如资本流动、技术赶超等其他因素会抵消劳动力流动的工资

收敛机制。盐治（Shioji，2001）则利用日本 1960 ~ 1990 年的面板数据提出了劳动力迁移的自我选择性观点，该观点认为，由于选择迁移的劳动力往往具有较高的人力资本水平，因而当这类劳动力从低收入地区流向高收入地区时，会扩大地区间的人力资本水平差异，进而造成地区间收入差距的扩大，抵消劳动力流动的收敛机制。拉帕波特（Rappaport，2005）构建了一个包含地区差异的理论模型，研究发现地区间经济差距也会削弱劳动力流动的收敛机制。上述研究虽证实了存在其他的机制会抵消劳动力流动的收敛机制，但仍不能完全解释理论与现实的差距。另外，不少学者开始反思新古典经济学对现实的解释力，并尝试借助新经济地理学的分析框架来考虑经济活动的空间差异，将异质性劳动力流动、经济集聚等因素都纳入了研究地区差距的分析框架，他们从理论和经验研究上均证实了劳动力流动与地区收入差距扩大的内生关系（Krugman，1991；Baldwin & Martin，2004；Crozet，2004）。

国内的早期理论研究与经验数据也出现了类似的分歧。还需要特别说明的是，由于我国缺乏官方的劳动力流动数据统计，因而国内学者大多使用人口流动作为劳动力流动的替代变量进而展开研究。姚枝仲和周素芳（2003）通过理论分析发现，地区间劳动力流动能够削平地区间要素禀赋差异，进而消除地区间人均收入差距；但经验证据表明，由于我国劳动力的流动受到较大限制，因而未能发挥缩小地区收入差距的作用。王小鲁和樊纲（2004）的研究发现，劳动力的跨地区流动有助于地区差距的缩小，其影响机制包括两个方面：一是根据劳动边际报酬递减规律，低收入地区的劳动力外流，会提高低收入地区的劳动生产率从而提高该地区的人均收入水平；二是外出打工的劳动力会带回大量的家庭汇款，从而提高低收入地区的家庭人均收入水平。许召元和李善同（2008）构建了一个一般均衡模型，发现尽管劳动力迁移有助于提高劳动力的配置效率，从而提高各地区的总产出，但模拟结果表明由于地区间技术水平差异较大，并存在资本追逐劳动力的现象，因而劳动力的迁移并不能缩小地区间人均 GDP 的差距；但是，大量的外出劳动力汇款仍有助于缩小地区间人均收入差距。上述文献均基于新古典经济学的理论分析框架，该学派认为要素流动有助于经济收敛，因此这些文献的理论分析都认为劳动力流动能促进地区收入差距的缩小，但是现实中存在其他因素（如户籍制度）会削弱劳动力流动的地区收入收敛机制。

国内近期有关文献的研究结论发生了不小的转变，其中不乏学者引入了新经济地理学的理论分析框架，这些研究均发现，人口流动及地区人口结构的变化会导致地区收入差距的扩大。首先，由于人口流动存在集聚效应，因而人口集中的大城市的虹吸效应越强，因此，会快速提高大城市的人均收入水平、加快地区收入差距的扩大（余吉祥和沈坤荣，2013；崔百胜和朱麟，2014；汪增洋和费金金，2014）。其次，在人口年龄结构方面，随着人口老龄化的加快，各地区劳动力市场竞争的加剧也会导致地区收入差距扩大（侯慧丽和程杰，2015）。此外，1998 年高校扩招后，各地区的人力资本结构发生了巨大改变，人力资本水平普遍提升，然而高质量人才总是更倾向于流入发达地区，这使得地区收入差距扩大具有棘轮效应（曹安迪，2015）。最后，劳动力流动与产业结构也会互相影响，随着通信技术的进步，各类产业的业态发生了变化，进而通过影响劳动力的分布不断改变地区间的收入格局。例如，房地产行业的蓬勃发展会导致社会资源在省际的配置出现失衡，促使城镇居民间收入差距明显扩大（金巍等，2017）；杨楠和马绰欣（2014）的研究还发现，在"互联网 +"时代，生产生活中各类资源的紧密联系会导致社会资源更容易向发达地区聚集（特别是在金融业与现代信息服务业这两个行业），从而导致地区收入差距扩大；张磊和韩雷（2017）也有类似的发现，传统服务业与互联网紧密融合后形成的现代化服务业，是改变地区经济发展格局并导致地区间收入差距扩大的重要因素之一。

第三节 文献评述

纵观地方政府财政竞争的相关文献，可以发现国外的研究主要集中在税收竞争领域，这包括多个方面的原因：一是因为在财政联邦体制下，地方政府一般都具有一定的税收立法权或调整税率的权利，对于他们而言，吸引流动性要素的最直接与最有效的手段就是调整税率；二是对于政治家而言，税率的调整必须通过立法，更具有确定性，也更容易受到选民的关注，相较之下支出竞争的政策工具名目繁多且相对具有不确定性，因而政治家在选择竞争策略时更倾向于税收竞争；三是相关研究也表明企业选择在何处投资生产更容易受到当地提供的税收优惠而非公共物品供给水平的影响，因此地方政府更倾向于税收竞争（拉本德拉·贾，2017）；四是早期学者大多认为，在财政预算收支平衡下税收与支出的变化是联动的，并根据萨缪尔森条件，他们大多将税收作为竞争手段，而支出（即公共物品的供给水平）则用来衡量竞争的结果（即对居民福利的影响），他们忽略了税收与支出同为竞争策略的事实。

中国有其特殊的国情，与国外不尽相同。在计划经济时代，中央集权的财政体制决定了我国基本上不存在国内税收竞争问题；1978 年之后，随着经济体制改革的不断推进，中央政府向地方政府放权让利，拥有一定财政自主权的地方政府为吸引资本的流入以减免税的形式展开竞争；但 1994 年的分税制改革将税收立法权高度集中在中央政府手中，有别于国外的财政联邦体制，中国的地方政府只拥有非常有限的不完全税权，即税收征管权，因此，我国的地方政府并不像联邦制国家的地方政府一样拥有自行制定税率的权利，只能利用税收优惠、税收返还等非常规政策工具展开税收竞争。谢贞发和范子英（2015）将我国的税收竞争定义为"征管效率"竞争，这既包括技术层面的税务征管效率，也包括地方政府为了招商引资而给出的各种名目的税收优惠和税收返还等政策所造成的实际征管效率的变动。但这些非常规的竞争手段大多"师出无名"，各级地方政府为吸引资本竞相减免税率的税收优惠政策大多无中央政府的法律授权，或者是超越了授权范围以外的制度外减免税。此外，2018年国地税的合并也意味着，地方政府税收竞争的手段只会越来越少，我国税收征管体系在逐渐完善与规范化。与此相对应的是，我国的社会主义市场经济特征之一是以政府为主导。政府通过公共投资的方向和规模引导经济运行的方向，地方经济的发展与地方政府的财政支出也密切相关。

总之，我国地方政府过去在吸引要素流入时多采用隐性的税收优惠措施而忽略了公共物品的再分配作用。但随着户籍管制的逐步放松及税收优惠政策的逐步清理与中止，地方政府应在公共物品供给方面做更多的工作，因此，笔者认为财政支出竞争将成为未来地方政府竞争的趋势。

在研究内容上，国外财政竞争的研究内容丰富，既包括研究财政收支行为特征的分析，也包括对社会总体福利影响的分析。而国内的文献主要集中在研究财政竞争策略的表现形式，如通过实证分析检验地区间税收竞争与支出竞争的反应函数及不同税种之间的竞争形式等，而对于财政竞争最终福利影响的研究有些欠缺。这可能也是由于我国地方政府以经济增长为导向，因此用西方经典理论中居民效用最大化这一社会最优标准来衡量我国的社会总体福利自然会存在福利损失的问题。这一经典理论假设与中国国情的相悖，导致了国内的文献在理论推导上少有创新，多是在国外经典文献的基础上进行微小的调整和拓展。

在国内研究财政支出结构偏向的相关文献中，大多数学者只考虑了资本流动的情况，即地方政府为了吸引资本流入而展开激烈的生产性支出竞争，从而挤占用以满足居民消费的公共服务支出，最终造就了财政支出结构"重基本建设、轻人力资本投资和公共服务"的扭曲现象。但这些研究忽略了地方政府也会为了争夺劳动力而展开竞争的现实，事实上近年来地方政府纷纷加入了人才抢夺战（陈秋玲等，2018；陈文权和李星，2018），若同时考虑劳动力的流动，地方政府的公共服务供给不一定不足。对于这一问题，大部分学者的解释是户籍制度限制了人口的流动，因而蒂伯特的"用脚投票"机制在中国不适用（汪永成，2008；王丽娟，2010；刘大帅和甘行琼，2013）。在梳理相关文献时又会发现，在早期的研究中的确由于户籍制度的限制，实证研究结果难以支持蒂伯特的理论，随着户籍制度改革的深化，近期的经验证据表明该理论在我国有一定的适用性。因此，在当今人才竞争与户籍制度改革的背景下，有必要重新反思过去财政支出结构偏向的形成原因与条件是否仍然适用。

在地区收入差距方面，国内外已从国家政策、地区差异、贸易自由、要素流动、房地产市场等视角对地区间收入差距的形成机制进行了深入的研究。但是地方政府的公共物品供给也会通过影响劳动力与企业的迁移决策对当地的社会经济发展产生影响，进而影响地区的收入水平。例如，诸如铁路、公路、通信等基础设施建设能够为企业生产活动创造良好的外部环境，从而吸引企业与物质资本的流入；而诸如医疗、教育、社会保障等用于直接满足居民消费的公共服务投入则可以吸引劳动力的流入。因此，地区间公共物品供给水平的差异会从生产和消费两个环节影响生产要素的跨地区流动与分布，进而影响地区经济的发展，构成地区收入差距的影响因素。但是，将公共物品供给与要素流动一并纳入地区收入差距研究视野的文献略有不足。

根据新古典经济理论与财政竞争理论，在国家加快推进基本公共服务均等化的背景下，地区间基本公共服务供给水平的均等化将有助于劳动力的流动，进而促进地区收入差距的收敛，但是现实中地区间收入差距仍呈现不断扩大的趋势。因此，有必要重新审视经典理论并结合我国国情进行分析讨论。

在梳理研究劳动力流动与地区收入差距的相关文献中，发现劳动力的异质性也是导致地区收入差距扩大的因素，该异质性包括年龄的差异、技能的差异、流动行为的差异等（Autor & Dorn，2013；陈建军和杨飞，2014；张磊和韩雷，2017；陈勇和柏喆，2018；Hsieh et al.，2019），因此，笔者在后面关于地区收入差距的分析中也会尝试引入劳动力的异质性。

综上所述，本书将尝试在财政支出竞争的理论框架下，研究劳动力的流动能否形成人才竞争的机制，从而改变地方政府的竞争行为，特别是在公共服务支出上的行为偏向；之后，将进一步结合基本公共服务均等化与异质性劳动力流动的视角，探讨地区收入差距的形成原因与相关制度障碍。

第三章

本书的理论基础分析

本书将以劳动力流动为切入点，探讨现行财政体制在有效提供公共服务和缩小地区收入差距方面所面临的主要问题。因此，本书首先要在财政竞争理论的框架下，研究财政支出生产性偏向的形成原因，并试图放松劳动力流动的假设，探讨蒂伯特的地方公共物品竞争机制能否改善这一支出结构偏向问题。之后，本书将结合公共服务支出与劳动力流动等因素，深入研究地区间收入差距的形成原因。其中，由于财政竞争的理论基础——新古典经济学无法有效地解释劳动力流动导致地区差距扩大的机制，因而还需要引入新的理论分析框架——新经济地理学。同时，在梳理相关文献时，笔者还发现地区间人力资本结构的差异也是造成地区收入差距的主要原因之一，因此，本书还需要进一步梳理人力资本异质性的相关理论。

第一节　关于财政竞争的相关理论基础

一、财政联邦主义

地方政府竞争的概念脱胎于财政联邦主义，也称为财政分权理论。

财政联邦指的是中央/联邦政府将部分财政职能（如税权和支出责任）划分给地方政府，因而地方政府拥有一定的财政自主权。

第一代财政联邦主义认为中央政府在提供公共物品时，相较于地方政府存在信息不完全、时滞等问题，地方政府因其天然的地理优势，更贴近了解当地居民的偏好，这一信息优势为财政分权奠定了坚实的理论基础（Hayek，1945）。再加上，蒂伯特（1956）的"用脚投票"理论隐含着一种需求偏好表达机制，在居民能自由流动的假设下，如同正常市场上的消费者选择商品一样，居民在不同地区之间选择令其最满意的公共服务与税收组合，而一旦选定了一个地区，该居民自身对公共服务与税收的偏好就表达出来了。因此，地方政府为了吸引居民的流入而展开财政竞争（税收和公共服务支出的组合），从而地方政府之间的竞争也会形成一种类市场竞争机制，优化社会资源配置和提升社会总福利。同时，还有学者认为"用手投票"这一政治选举制度对政府官员会形成激励相容机制，促使地方政府将居民福利最大化作为目标，同样促进公共物品的合理配置和社会福利的提升。"用脚投票"机制比"用手投票"机制更加强调了地方政府间的竞争作用，而奥茨（Oates，1972）在蒂伯特的基础上又提出了除了吸引居民流入之外，地方政府还会为了吸引资本和企业而展开竞争。而由于企业的商业活动选址更容易受到当地政府提供的税收优惠而非其他社会服务水平所吸引，因而为了吸引企业落户和更多的投资，地方政府更有可能展开税收竞争从而降低公共服务水平，甚至会导致地方政府之间无序的税收竞争趋势。因此，在此情况下，中央政府需要在规制地方政府恶性竞争、制定相关机制更好地反映居民对公共服务的偏好等方面发挥作用。

第二代财政联邦主义以"市场维护型联邦主义"为代表，它强调了财政分权为地方政府所带来的财政约束与激励，即分权会促使地方政府减少对经济的过度干预，硬化预算约束，转向保护和促进市场经济的发展，强调分权对政府激励机制的影响。同时，钱和许（Qian & Xu，1993）、钱和温加斯特（Qian & Weingast，1997）、钱和罗兰（Qian & Roland，1998）、金等（Jin et al.，2005）等学者将这一激励机制引入到了对"中国经济增长之谜"的研究之中，例如，相较于计划经济时期的高度集权体制，财政"包干制"给地方政府提供了强烈的财政激励，地方政府必须通过自身的财政努力来实现财政收支平衡，因而它们开始注重当地经济的发展，围绕流动的生产要素展开招商引资方面的竞争。

第一代财政分权理论认为财政分权所带来的激励会让地方政府趋向于"仁慈政府"，目标为居民福利最大化，因而，都基于政府的"扶持之手"这一视角来研究地方竞争对于社会福利和资源配置效率的影响。在此之外，另外一派完全相反的观点认为政府也是由理性的经济人组成的，因而地方政府在作决策的时候也像理性经济人一样追求自身利益的最大化，理想的"仁慈政府"的假设在一定程度上缺乏现实基础。这一学派就是公共选择派，他们的思想源于社会学家霍布斯（Hobbes，1968）的"利维坦论（Leviathan，又译为君主专制政体）"①，在此基础上他们提出了政府的"掠夺之手"（Brennan & Buchanan，1977，1980）。即假定存在一个自我膨胀的利维坦式政府，该政府的目标为税收收入最大化，因而政府会不断地攫取居民的收入，而政府之间的税收竞争则可以限制政府规模的自我膨胀，形成约束政府"掠夺之手"行为的有效机制，从而提高社会的总体福利。因此，利维坦政府假设下的税收竞争结果与仁慈政府假设下的税收竞争完全相反。尽管对于利维坦政府假设在现实中的有效性，学术界一直存在争议，奥茨（1985）使用美国的州政府与地方政府的财政数据对利维坦假设进行了检验，研究结果未发现财政集权会导致税收的增加；而扎克斯（Zax，1989）使用同样的数据，实证结果却又

---

① 霍布斯（Hobbes）认为利维坦式地方政府追求自身利益最大化，自身利益又包括政府收入、寻租利润、政府官员的政治前途等。

支持利维坦假设。第二代财政分权理论没有对"仁慈政府"或利维坦政府的假设过多关注，而是引入激励相容机制的研究，将关注重点放在了政府间关系的机制设计上，探讨这些机制设计能否产生有效的政治与经济激励促使地方政府去维护市场运作和推动经济增长。

综上所述，在理论层面仅仅是改变政府的目标，财政竞争的结果都会大相径庭。而现实中，政府的目标更为复杂多变，各国地方政府的目标取决于该国的经济、政治和社会制度对地方政府所产生的约束和激励作用，因此，不同国家内的地方政府财政竞争行为也各有不同。

二、财政竞争理论中的博弈论思想

在一个竞争市场中，决策主体之间的行为是相互影响、相互作用的，因此一个行为主体在决策时必须考虑其他行为主体的反应，这就是博弈论所研究的问题。早期的微观经济学在研究个体决策时，是在给定价格和约束的条件下最大化个体效用，因此个体的效用仅依赖于决策者自身的选择，不依赖于其他行为主体的选择。而博弈论将经济视为一个整体，各个行为主体之间的选择都是相互作用的，个体的效用不仅依赖于其自身的选择，也依赖于其他行为主体的选择，因此个体的最优选择是一个包含其他个体选择的函数。最终，当每个行为主体都做出最优选择时，结果达成纳什均衡。

具体而言，在前面的文献综述部分已稍有提及，研究财政竞争的经典文献都是基于两个基准模型——ZMW 模型和 KK 模型进行推演的。这两个模型都蕴含着博弈论的思想，它们将税收竞争视为地方政府的博弈策略。两者的区别在于所关注税种不同，ZMW 模型强调的是资本税率的差异对地区间资本流动的影响，是基于资本这一流动税基的竞争；而 KK 模型则关注的是商品税的差异对应纳税利润的影响，是基于对居民跨境消费行为的竞争。在此基础上的理论拓展包括加入基于多重税基的税收竞争行为、加入地方政府发债行为等（Bucovetsky & Wilson, 1991; Hoyt, 1991; Jensen & Toma, 1991）。这些研究均证实了，横向的税收竞争必然会导致资本的流动，一个地区若降低税率会吸引资本从其他地区流入，减少其他地区的税收收入，对其他地区产生财政负外部。然而，没有一个地区在决策时会考虑这一负的财政外部性，导致所有地区都倾向于选择过低的税率，最终的结果是税收的恶性竞争，并且由于过低的税率会造成财政收入不足，各地区只能降低公共物品的供给水平，这就是所谓的税收的"逐底竞争"。其最直接的政策含义就是有必要进行税收合作，在国内税收竞争情况下，这意味着中央政府干预的必要性，国际税收竞争则意味着税收协定的必要性。而如果加入中央政府，理论模型则会更加复杂，除了横向的财政负外部性以外，不同层级之间纵向的税基竞争也会因为税基的重复而产生新的财政外部性。基恩（Keen, 1998）认为，当中央和地方政府对同一税基征税时，地方政府若降低辖区内的税率，只会考虑自身辖区内因资本流入而导致的税基增加，但会忽略中央政府由于对同一税基征税也会从税基增加中获益，从而产生正的财政外部性，地方政府削减税率的私人收益小于社会收益，因而税率削减不足，导致实际税率高于最优税率。因此，当同时考虑横向和纵向税收竞争机制，这一正一负的财政外部性叠加在一起所产生的结果具有不确定性。另外，还有各种诸如收入分成、均衡性转移支付等在内的纵向财政协调机制，这些因素都会对横向竞争产生影响。上述研究虽然主要围绕税收竞争展开，但分析框架及财政竞争所导致的外部性分析都同样适用于财政支出竞争。

综上所述，在地方政府财政竞争这一非合作博弈中，地方政府制定税收政策和决定财政支出时，不应仅仅只看到其自身的决策会对当地企业投资与劳动力所产生的影响，还要考虑到其他地方政府对于其决策的反应及其他地方政府的决策对其辖区内要素流动的影响。因此，地方政府的最优选择取决于与它相互作用的其他行为主体的最优选择，最优决策本质上是相互依赖的，必须在包含厂商、居民与其他地方政府选择的一般均衡框架中去进行研究。从这个意义上来讲，财政竞争模型研究的是存在相互财政外部性条件下的最优决策问题，由于劳动力和资本等生产要素的流动，一个地方政府的收支政策也必然会对其他地方产生外部性，因此，财政分权衍生的另一个课题是中央政府如何化解地方政府竞争所导致的财政负外部性问题，如何协调地方政府之间的财政竞争行为。

第二节　劳动力流动与地区收入差距的理论框架

一、新古典经济学理论

前面的财政竞争理论建立在新古典经济学框架下。在此框架下，一旦地区之间发展不平衡，生产要素会在利益驱动下，从低回报率地区流向高回报率地区，直到地区间的发展水平相等。因而，要素流动能够促进地区经济的收敛，但这一收敛机制建立在两个关键的假设之上，那就是完全竞争和规模报酬不变。以劳动力流动为例，在规模报酬不变的假设下，要素的边际报酬递减，因而，随着劳动力规模的增加，劳动力的边际报酬会下降。随着市场一体化水平的不断提高，在自由市场条件下，当劳动力从低收入地区流向高收入地区，会降低高收入地区劳动力的边际报酬，提高低收入地区劳动力的边际报酬。因此，劳动力的自由流动有助于地区间劳动报酬的均等化，即缩小地区间的收入差距，而国外早期的经验研究大多表明地区收入呈现收敛趋势，现实与理论预期一致。

但之后，各国的地区收入收敛趋势开始减弱甚至出现扩散的趋势，现实与理论的矛盾对新古典经济学提出了挑战，而由于上述两个关键假设没有放松，在相当长的一段时间内，新古典经济学都难以有效地解释地区收入差距的扩大。

二、新经济地理学理论

20 世纪 90 年代兴起的新经济地理学将运输成本、不完全竞争、规模报酬递增等因素全部联系起来，对经济活动的空间分布规律和形成机制进行了深入研究，试图解开区域发展不平衡之谜。与之相反的是，若回顾新古典经济学的相关文献，会发现空间维度（如距离）相对缺失，这是由于经济学家为了建立严谨的价格理论，对经济活动的空间变换（如要素流动）进行了最大限度的简化，如假设运输成本和贸易成本为零、同质的厂商和居民、统一均衡的价格等。

在新经济地理学兴起之前，似乎空间的概念完全不存在于主流经济理论中，但事实上，空间的思想早已被诸多经济学领域所关注，并且取得了一定的研究成果。空间的思想最早可追溯到约翰·冯·杜能（1986）的开创性研究，为了解释前工业化时期城市周边农业的生产区位，他提出了农业区位理论。其后，阿隆索（Alonso, 1965）在此基础上将城市定义为中心商务区，而工人分布在中心区以外的周边地带，这便是城市经济学"单中心"模型的雏形。在该模型中，随着工人数量的增加，中心城区的居住成本会上升，导致部分人需要居住在中心城区以外的周边地带，虽然随着居住距离的增加，通勤成本也会随着增加，但居住成本会大幅度下降。因此，城市经济学揭示了一个重要的分散力，那就是土地的消费，即居住成本。但该学派的相关研究仍建立在规模报酬不变和完全竞争假设下。除此之外，被认为是空间竞争模型的开创者霍特林

（Hotelling，1929）的双寡头垄断模型，同时代的人的关注重点是该模型的垄断竞争假设，并没有真正领会其中的空间思想。他最初仍是假设商品是同质的，但由于销售区位的不同，消费者到不同销售点的距离产生了购买成本的差异。由于这一成本差异，一旦商品出售区位确定了，厂商则对其附近的消费者具有一定的市场支配力量，且只与邻近的厂商展开竞争，因而空间竞争是内生的战略。值得注意的是，该模型还包含了行为主体异质的思想。但这些核心思想，直到新工业经济的兴起，才被人们完全理解，现在也都成为差异化竞争策略的一般性原理。

　　由此可见，在很长的一段时间内，空间的思想一直被排除在主流经济学之外。而在主流经济学中，学者们通常会采用外部经济①的概念来解释厂商的规模收益递增，以便他们继续使用新古典模型（Henderson，1974）。直到迪克西特和斯蒂格利茨（Dixit & Stiglitz，1977）提出了基于不完全竞争和规模报酬递增②假设的 D–S 垄断竞争模型，该模型被视为新经济地理学的基准模型，空间的概念得以正式登上主流经济学的舞台。而赫普曼和克鲁格曼（Helpman & Krugman，1985）在 D–S 模型的基础上，引入了贸易成本，两者相结合后的 DSK 模型就成了一个描述商品从一个地区运往另一个地区的贸易模型，只要贸易成本不为零，区域差异就存在。但在这个模型中生产要素仍是不流动的，但即使生产要素不流动，所有的行为主体也可以从贸易自由化和区域一体化中受益。其后，学者们又在此基础上加入了要素的流动、核心—边缘结构、区域差异等因素，用来反映、探讨现实中更为复杂的经济空间活动（Krugman，1991；Evenett & Keller，2002；Forslid & Ottaviano，2003；Fujita & Thisse，2003；Moretti，2004）。因此，研究经济活动空间分布的新经济地理学也为区域

---

　　① 马歇尔（Marshall，1980）将外部经济定义为用来描述那些因经济活动的空间聚集而导致某种优势的统称，如知识的溢出效应。

　　② 规模报酬递增是新贸易理论和内生增长理论的核心假设之一。

不平衡发展和地区收入差距提供了一个新的分析框架。

为了方便后面的分析，接下来将对新经济地理学中与本书的分析密切相关的几个核心思想和概念进行详细阐述。

首先是区域与要素流动。经济学中关于区域的概念至今尚未有统一的定义，其中由美国区域经济学家胡佛（Hoover）提出的定义是目前影响最广泛的，"区域是基于描述、分析、管理、计划或制度政策等目的而作为一个应用性整体加以考虑的一片地区"（郝寿义和安虎森，2015）[1]。可以看出，区域是一个有限的空间概念，同时区域又是相对的，属于某个经济空间的一部分。根据上述定义可知，区域内部存在关联性，即一个区域所包含的地区具有同质性，而不同区域之间则具有异质性，如区域之间的政策存在差异，但其内部却具有政策上的一致性和连续性。各国一些随手拿来的经验证据都表明，一国内部的经济发展大多是不平衡的，经济活动会聚集在主要的几个大都市区域。而经济聚集的前提是生产要素具有流动性，因而新经济地理学将区域发展与要素流动整合起来。在区域的不同发展阶段，区域之间及区域内部生产要素的极化、扩散和回流作用始终存在，各种要素为了追求更高的收益率而流动，而要素的流动又会反过来促进区域的经济社会发展，这种发展又会促进区域间或区域内的进一步分工和贸易，进而加速要素的流动。可见，在这一过程中各个经济行为主体（厂商和居民）的区位选择是内生的，但传统经济学却视它们为外生。一国之中的各区域均是个开放的系统，只要存在区域之间发展的不平衡性，就会产生要素的流动，区域之间差异越大，区际之间劳动分工越发展，区域之间要素流动越频繁，促使区域经济不断分散化。

其次是集聚力与分散力。经济地理学家强调，经济空间是方向相反的力量角逐的结果，向心力促使人类活动聚集，而离心力促使人类活动

---

① 郝寿义，安虎森. 区域经济学（第三版）［M］. 北京：经济科学出版社，2015.

分散。不同经济中，集聚力和分散力的强度各有不同，因此经济个体的空间分布也各有差异。经济地理学主要就是研究这些作用力的性质、强度及相互作用。值得注意的是，经济空间的一个重要特征就是经济变量之间经常互为因果，经济空间活动过程中，常常形成循环因果关系，并且这种关系会不断发展、积累。例如，一个地区经济活动大量聚集，从而吸引大量的劳动力流入，而这又会进一步加大经济活动的聚集，反过来又将创造更多新的就业机会，进而吸引更多劳动力的流入。这一过程将不断循环积累，但当原因和结果紧密联系在一起时，将会给政府制定区域政策带来新的挑战。

再次是规模报酬递增和不完全竞争假设。在分析经济聚集和区域差距的作用力时，相关的因素有很多，但经济地理学研究的基本空间单位为区域，因此主要分析两种作用力。从供给的角度来看，新经济地理学认为人口聚集的最大优势，也是前提假设为生产的规模报酬递增规律，这一点将其与新古典经济学区分开来。新经济地理学家认为，人口的聚集可以提高产业、贸易及经营领域的效率，促使经济活动以更大比例的增长。而从需求角度来看，厂商和居民的聚集就是经济聚集的主要原因，进而可以将聚集看成是差异化商品与服务及多样化就业机会的聚合体，而差异化则赋予了厂商一定的市场支配力量，因此市场是不完全竞争的。

最后是经济聚集机制。集聚效应最初用来表述地理距离临近的企业由于生产的相关性或互补性，在一定区域内集聚将获得包括交易成本降低、知识外溢、技术扩散等在内的诸多优势，促使区域内生产率的不断提高，因而企业不断向一个地区集中，并逐渐形成产业集群。企业与产业的集聚也必然伴随着资本、劳动力、技术等生产要素的集中，因而伴随着集聚经济所带来的生产率的提高，生产要素的回报率也会随之提升。新经济地理学家结合集聚效应、规模报酬递增、差异化偏好、交易成本等多种因素之间的相互作用，提出了核心—边缘结构这一极化现象，用于研究经济聚集导致经济活动的空间分布异质性问题。在核心区域，厂商提供着大量差异化的商品和服务，而边缘区域则专业化地生产一些相对标准化的商品和服务。研究表明，经济活动的空间变换呈现钟状曲线。第一阶段，由于运输和通信技术的日新月异，商品的运输成本和人口的迁移成本大幅度下降，促使市场一体化，经济活动开始聚集在少数几个核心的发达地区；第二阶段，经济发达地区的拥挤程度提高，促使经济活动大量向周围地区扩散，形成边缘的中小型城市。因此，核心—边缘模型认为，市场一体化会强化经济活动的聚集，进而导致区域差距扩大。

三、人力资本异质性相关理论

劳动力作为推动经济增长的关键要素，长久以来关于劳动力自身能力的研究一直受到诸多经济领域的关注。尽管直到 20 世纪 60 年代，舒尔茨（Schultz，1961）和贝克尔（Becker，1964）创立人力资本理论后该理论才得以系统化，但人力资本的思想渊源可追溯到古希腊时期。柏拉图在《理想国》中认为，在默认个人自然天赋差异的前提下，根据天赋的不同进行差异化教育培养可以充分发展人的先天能力。因此，人力资本可概括为人后天所获得的知识与技能，而这一资本需通过人力资本投资所获得，如教育投资、医疗健康投资、迁移投资等。舒尔茨（1961）的开创性研究解决了新古典增长理论中仅用资本与劳动力这两个生产要素无法解释的索罗残差问题。此后，涌现了大量将人力资本理论与经济增长相结合的研究，形成了新经济增长理论，他们认为人力资本的边际报酬递增能抵消物质资本的边际报酬递减，从而带动经济增长呈现规模报酬递增的特征（Lucas，1988；Romer，1990）。但这些早期研究，仍然基于新古典经济理论的分析框架，且将重点放在了人力资本对经济增长的重要作用与人力资本的形成过程上，并假设了人力资本的同质性。

但事实上，舒尔茨（1975）早已对人力资本的同质性提出了质疑，他认为企业家型人力资本区别于一般的人力资本，具有一定的专业性并能促进企业的发展。此后，诸多学者围绕人力资本异质性展开了研究。贝兰特（Bellante，1979）按照受教育年限、年龄、种族对劳动力进行了划分；奥德雷奇和费尔德曼（Audretsch & Feldman，1996）研究发现高技能劳动力会产生溢出效应，导致企业与产业的聚集；华尔兹（Walz，1997）用异质性人力资本的流动研究了欠发达地区的产业集聚和生产力增长；卡塞利和科尔曼二世（Caselli & Coleman II，2001）根据受教育程度的差异将人力资本分为初、中、高三级，并按照边际报酬是否递增划分同质性与异质性人力资本。在新经济地理学中，田渊和蒂斯（Tabuchi & Thisse，2002）在基准模型上引入异质性人力资本，发现劳动力会表现出不同的流动行为，异质化的劳动力流动会对经济活动的聚集和扩散产生影响；其后，异质性劳动力的运用在新经济地理模型中逐渐成熟，并多用于解释区域差距的形成（Forslid & Ottaviano，2003；Baldwin & Martin，2004）。总而言之，人力资本的异质性表现为受教育程度、技能水平、社会地位等差异，地区间人力资本差异则表现在人力资本数量、质量及结构的差异。而人力资本异质性的主要来源包括人力资本投资（如教育培训）及劳动力市场分割，例如，中国基于户籍制度的工资歧视，导致流动人口在城市只能获得非常低的工资水平（夏怡然和陆铭，2015）。

结合新经济地理学的思想，异质性人力资本存在不同的偏好，导致劳动力的就业选择和迁移决策呈现多元化趋势。异质化的劳动力流动会改变区域的人力资本水平与结构，并通过居民的效用函数和企业的生产函数体现出来，进而影响企业的区位选择与产业的空间分布。现有研究大多根据人力资本的边际报酬递增性质将劳动力分为高技能劳动力与低技能劳动力，而高技能劳动力倾向于选择在高收入的中心区域就业，由于高技能劳动力的边际报酬递增，高技能劳动力的聚集会带动企业与产业的聚集，而企业与产业的集聚又进一步通过知识溢出效应推动技术的进步，促进中心区域产业结构的优化升级。可见，异质性劳动力的核心—边缘结构分布会强化企业与产业的核心—边缘结构分布，增强集聚经济的空间异质性，而高技能劳动力的集聚更倾向于扩大区域差距。

第三节　小结

本章总结了与本书研究相关的理论基础，第一节归纳了地方政府财政竞争的理论渊源和核心思想，经比较发现，经济政治体制的不同会让地方政府产生不同的财政竞争激励，因此若要将财政竞争的作用机制加以模型化，就要根据中国的现实情况对政府的目标函数进行调整。另外，地方政府的财政竞争本质上是一种非合作博弈，政府的最优决策实质上是相互依赖的，取决于与它相互作用的其他行为主体的最优决策，因而必须在一个包含厂商、居民与其他地方政府的一般均衡框架中去进行研究。第二节总结了分析要素流动与区域差距的两个基础理论框架——新古典经济学与新经济地理学，这两个理论均源于不同时期解释现实的需要，由于新古典经济学已难以有效地解释劳动力流动造成地区差距扩大的机制，本书还需要借助新经济地理学的分析范式与人力资本异质性理论，进一步探讨在基本公共服务均等化背景下，我国劳动力流动与地区收入差距扩大的内在关联。

第四章

劳动力流动与财政支出竞争
研究的理论框架

随着人力资本逐渐成为经济发展的主导力量，人才竞争是地方政府竞争的未来趋势。同时，户籍制度的深化改革与基本公共服务均等化的不断推进，为蒂伯特的地方公共物品竞争机制的发挥提供了广阔的舞台。本章将在财政支出竞争的理论框架下，不改变我国地方政府的增长型目标，但放松劳动力无法自由流动的假设，探索蒂伯特的地方公共物品竞争机制改善财政支出结构与公共服务供给的作用路径与条件。

第一节　地方财政竞争的制度背景
与相关问题说明

一、简述财政分权体制的改革历程

改革开放以来，我国的财政体制经历了 1980 年的"分灶吃饭"、1985 年的分级包干、1988 年的多种形式包干、1994 年的分税制。虽说中间经历了反复调整，但我国的财政体制打破了过去由中央"统收统支"财政的局面，明确规定了地方财政的责任和权利，使地方政府由过去的"吃饭财政"过渡到拥有一定自我发展能力的行政及经济实体。

1994年为了抑制全国财政收入和中央财政收入的下降，我国进行了影响深远的分税制改革，重新调整并界定清楚了中央与地方政府之间的财政收入分配。分税制将税收收入划分为中央税、地方税和中央地方共享税，同时将征收机关划分为国税和地税。分税制改革成功地提高了两个比重——全国财政收入占GDP的比重和中央财政收入占全国财政收入的比重。

虽然财政上的分权经历多轮的调整后直到1994年才正式确立，但经济制度上的分权一直在不断深化并与我国的改革开放相伴相随。时至今日，地方政府享有充分的经济自主权，在财政体制上则表现为近年来超过85%的地方政府支出占比（见图4-1）。因此，地方政府在推动当地经济发展与提供公共物品上占据主导地位。

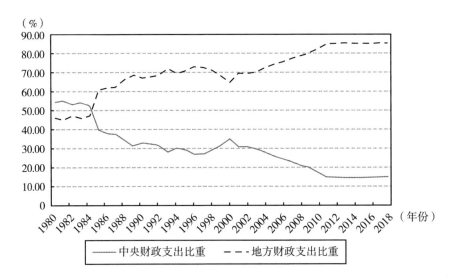

图4-1 中央与地方财政支出变化比重（1980～2018年）

资料来源：根据历年《中国财政统计年鉴》整理得来。

从 1980 年的"分灶吃饭"以来，财政体制的安排就一直存在割裂财权和事权及支出责任的问题，一开始虽然将财政自主权下放给了地方政府，但在硬化预算约束的同时，也将支出责任下放给了地方政府。在不断的财政体制调整中，财政收入的划分一直相对清晰（见图 4 - 2），但中央和地方间的事权和支出责任一直未有正式的划分。许多地方的支出责任延续了计划经济时期的安排，地方政府作为中央的代理方为当地提供公共物品和服务，中央通过收入分享分配财政资金。因此，1980 年的财政体制调整就存在支出责任与收入脱节的问题，地方政府需要自己负责筹集资金提供公共物品和服务，之后，这一问题也将延续下去。

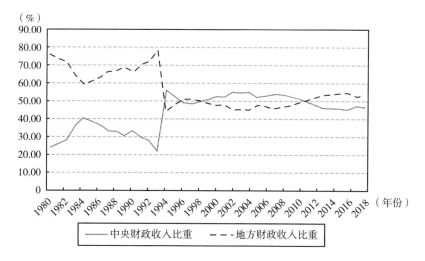

图 4 - 2　中央与地方财政收入变化比重（1980～2018 年）

资料来源：根据历年《中国财政统计年鉴》整理。

二、经济与政治管理体制的紧密结合形成"为增长而竞争"的机制

第二代财政联邦主义认为，中国 M 型组织结构赋予了地方政府半自主的权利，地方政府负责辖区内的一切发展和福利，这大大地激发了地

方政府潜在的竞争性，经济分权特别是财政分权对地方政府产生了经济激励，促使地方政府推动经济的高速增长（Qian & Xu，1993；Qian & Weingast，1997）。林毅夫和刘志强（2000）、金等（Jin et al.，2005）、张晏和龚六堂（2005）通过实证研究检验了这一经济激励。在政治激励方面，周黎安（2004）首先提出了以 GDP 增长为核心考核指标的地方官员晋升激励与地方政府竞争的内在关联，其他学者在此基础上通过理论和实证研究形成、完善了我国地方官员以经济增长为导向的晋升锦标赛假说，均认可了该假说对我国经济快速增长的贡献（Li & Zhou，2005；周黎安等，2005，2007；张军和高远，2007；周黎安，2007）。当然，也有学者认为，我国中央政府对地方政府的考核是全方位的，如崔和王（Tsui & Wang，2004）归纳了一个中央政府治理的管理体系，中央政府制定了一系列的指标，包括经济建设、社会发展与精神文明建设及党政建设三大类指标，基于这套指标体系对地方官员实行目标责任制考核，并认为中央与地方政府之间是一个多任务的委托代理机制。尽管地方官员的绩效考核趋于多元化，但经济增速最易测度，仍是最重要的考核指标，且大量的经验证据表明，中央政府长期仍是按照经济绩效来考核地方官员的（Li & Zhou，2005）。

上述经济激励和政治激励构成了我国经济增长的政治经济学，并成功地将地方政府塑造成"为增长而竞争"的增长型政府（张军和周黎安，2008）[1]，地方政府在推动经济增长上不遗余力，但在提供公共服务上却缺乏相应的激励（王永钦等，2007）。

三、财政支出结构：公共投资还是公共服务？

综上所述，地方政府的财政支出是一个复杂的政治经济学课题：在

---

[1] 张军，周黎安. 为增长而竞争：中国增长的政治经济学［M］. 上海：上海人民出版社，2008.

生产性公共投资决策方面，学术界普遍认同的解释是中国式分权将地方政府成功地塑造成增长型政府，由于经济增长与生产性公共投资之间的正向反馈机制，导致地方政府大量的经济建设类投资支出；在公共服务的支出决策方面，由于科教文卫等公共服务支出的短期经济增长效应不明显，导致公共投资一再挤占公共服务支出（乔宝云等，2005；傅勇和张晏，2007）。

这一结论严重背离了蒂伯特（Tiebout，1956）的政府竞争可以改善公共物品供给的理论。国内学者给出的解释是，我国的基本国情与传统的财政竞争理论的基本前提不一致。不管是"用脚投票"还是"用手投票"机制，在我国基本失灵（傅勇，2007；汪永成，2008；王丽娟，2010；刘大帅和甘行琼，2013）。

长期以来，在严格的户籍管制下，我国仍具有庞大的流动人口规模，据《2018 年中国流动人口发展报告》，2017 年我国流动人口规模为 2.45 亿人，这意味着接近于每六个人中有一个是流动人口。规模庞大的人口流动在过去的 40 多年为我国经济发展特别是沿海地区的经济发展提供了大量廉价的劳动力。过去，财政支出结构的"重基本建设、轻人力资本投资和公共服务"的形成逻辑在于，一方面，以收入为目的劳动力总会流向经济发达、劳动报酬更高的地区（孙文凯等，2011），不能为流出地的经济增长作出贡献，因此地方政府在改善公共服务、提升人力资本方面的投资动机不足；另一方面，在有限供给的资本与接近"无限供给"的廉价劳动力之间，地方政府自然更侧重于为资本而展开竞争，支出行为以吸引流动资本为导向。

随着劳动力无限供给时代的结束和人口红利的逐渐消失，为了实现经济的可持续发展，我国迫切寻求经济增长方式的转变，从依靠大规模廉价劳动力和资本等生产要素投入的粗放型发展转变为依靠创新驱动的集约型发展。因此，在现阶段，劳动力的重要性愈加凸显，人力资本积累将成为各地区产业布局和区域产业升级的关键因素（陈建军和杨飞，2014），各地方政府已纷纷加入人才的抢夺战中，加大人才引进的力度（陈秋玲等，2018；陈文权和李星，2018）。党的十八大报告提出"加快改革户籍制度，有序推进农业转移人口市民化，努力实现城镇基本公共服务常住人口全覆盖"；在此之后，2014年国务院又印发了《关于进一步推进户籍制度改革的意见》，提出要推行居住证制度，旨在剥离捆绑在户籍上的利益分配功能、解决流动人口的公共服务歧视问题；党的十九大报告又进一步强调了要"破除妨碍劳动力、人才社会性流动的体制机制弊端，使人人都有通过辛勤劳动实现自身发展的机会"。总之，户籍制度改革、解决流动人口的公共服务歧视问题以及实现基本公共服务均等化的政策框架已愈发清晰。基于此，笔者认为，我国地方政府的竞争与支出行为导向，将从要素驱动和投资驱动下的资本竞争转向创新驱动下的人才竞争，财政支出结构的生产性偏向问题将得以改善，蒂伯特的地方公共物品竞争机制在我国发挥作用的时机已成熟。因而，本章将尝试放松劳动力无法自由流动的假设，比较劳动力不流动与劳动力自由流动两种假设下，财政支出结构的变化。

第二节　财政支出竞争的理论模型设定

考虑一个在同一中央政府下存在 I 个完全相同的行政区域（记为 $i = 1, 2, \cdots, I$）的财政支出竞争的一般理论框架。

一、地方政府目标函数

由于本章节旨在考察地方政府间的财政支出竞争及支出结构变化，

先将财政支出分为两类：具有生产性的公共投资支出 G_i 和福利性的公共服务支出 z_i。其中，公共投资直接进入地区的生产函数，而公共服务则进入当地居民的效用函数。这是由于人力资本投资的经济回报通常发生在投资的数年以后，所以公共服务很难像公共投资一样直接进入当期的生产函数。简单起见，假设这两类财政支出均为纯公共物品，且边际成本为 1，即它们各自的成本可表达为 $C^i(z_i) = z_i$，$C^i(G_i) = G_i$。同时，为了集中研究财政支出竞争及其对要素流动的空间经济效应，并使模型更贴近我国地方政府没有独立的征税立法权的事实，借鉴杨等（Yang et al., 2019）的设定，本书进一步将地方政府的财政收入简化为外生给定的 T_i。该设定意味着，地方政府总可以从多种渠道筹集财政收入以满足其财政支出需求，将财政收入竞争及收入结构对支出竞争和要素空间配置的影响在模型中控制不变。

文献综述部分已发现，在分权体制下地方政府竞争的行为导向取决于其目标函数的设定。主流的经典假设为"仁慈政府"，其目标为最大化辖区内居民的效用；而另一个经典假设则为利维坦政府，其目标为最大化地方政府的财政收入，这两个假设都不完全符合中国的现实。首先，由于政治体制不同，西方通行的"用手投票"机制在中国不成立，无法确保地方政府能有效回应当地居民的需求[1]。其次，垂直的政治管理体制下，地方政府的目标主要由中央政府决定，促进地区经济增长是地方的重要目标之一。再次，在分权体制下为辖区内居民提供公共物品也是地方政府的主要职责之一。最后，中央政府的政绩考核中也包含了民生类指标[2]，并且还有许多政策法规对地方政府的公共服务支出作出了硬

---

[1] 由于户籍制度的限制，"用脚投票"机制在中国是否健全存在争议，本书将在后续的模型推导和实证研究中对这一问题展开说明与研究。

[2] 胡文骏和刘晔（2016）："官员考核中，某些方面（如环保、计生）的支出是否达标甚至具有一票否决的作用。"

性规定①。

基于以上考虑，并参考蔡和特雷斯曼（Cai & Treisman，2005）、尹振东和汤玉刚（2016）、马光荣等（2019）的设定，将政府的目标函数设定为一个标准的非线性效用函数：

$$W_i = \lambda_1 \ln Y_i + \lambda_2 \ln z_i \qquad (4-1)$$

$$\text{s. t.} \quad G_i + z_i = T_i$$

其中，Y_i 表示地区 i 的总产出。这里政府的效用函数包含了两个部分，代表地方政府的两个政策目标：GDP 增长和提供公共服务。λ_1 与 λ_2 则分别代表地方政府对于两个目标的偏好，该偏好关系在现实中，既取决于中央政绩考核的绩效指标设置，也取决于地方政府官员自身的偏好。由于这不是本书的研究重点，此处假设为外生给定。

二、企业生产函数

假设每个地区均生产同质的产品，并且参考巴罗（Barro，1990）经典的内生增长模型设定，将地方政府的公共投资也纳入生产函数。因此，生产函数包含了三种生产要素：劳动力 N_i、私人资本 K_i 及地方政府的公共投资 G_i。为了方便推导，假定一个标准的 Cobb-Douglas 生产函数，因而，地区 i 的生产函数可记为：

$$Y_i \equiv F(K_i, N_i, G_i) = K_i^\alpha N_i^\beta G_i^\gamma \qquad (4-2)$$

其中，$\alpha, \beta, \gamma \in (0,1)$，该生产函数满足严格准凹、二次可微、稻田条件（inada condition）等一般假设。C – D 形式的生产函数，意味着三类要素

---

① 《中华人民共和国教育法》规定："全国各级财政支出总额中教育经费所占比例应当随着国民经济的发展逐步提高，各级人民政府教育财政拨款的增长应当高于财政经常性收入的增长。"《人口与计划生育法》规定："国家应根据国民经济和社会发展状况逐步提高人口与计划生育经费投入的总体水平，各级人民政府应当保障人口与计划生育工作必要的经费。"

之间均存在互补关系，能够互相提高各自的边际生产率。同时，还假设经济中资本的总量固定，$\sum K_i = \bar{K}$。

三、居民效用函数

假设经济中总共有 $\bar{N}$ 个完全流动、同质的居民，每个居民拥有且无弹性提供一个单位的劳动力，因此地区 i 的劳动力可记为 N_i。各地区的居民可以从两个方面获得效用：一是私人消费 x_i①；二是当地政府提供的公共服务 z_i。与政府的效用函数类似，将居民的效用函数也设定为一个标准的非线性效用函数：

$$U(x_i, z_i) = \theta_1 \ln x_i + \theta_2 \ln z_i \tag{4-3}$$

其中，$0 < \theta_1$，$\theta_2 < 1$ 分别代表居民对私人消费与公共服务的偏好。

以上式（4-1）~式（4-3）共同构成了地方政府支出竞争的最优化问题。本质上，这是一个斯塔克尔伯格（Stackelberg）博弈模型，由地方政府先决定其公共投资支出 G_i 和公共服务支出 z_i，资本和劳动力再各自根据利润和效用最大化原则决定其空间分布。

四、基准模型：社会最优

在研究地方政府的竞争行为之前，首先考虑一个社会最优（first best）的情况作为基准，方便后续的对比研究。假设存在一个社会计划者（social planner），考虑所有地区的整体利益，其面临的最优化问题为：

$$\max_{K_i, N_i, G_i, z_i} \sum_{i=1,2,\cdots,I} W_i = \sum \lambda_1 \ln Y_i + \lambda_2 \ln z_i \tag{4-4}$$

① 私人消费来源于居民的收入，见后面等式（4-18）。

$$\text{s. t.} \sum T_i - G_i - z_i = 0$$

$$\bar{N} - \sum N_i = 0$$

$$\bar{K} - \sum K_i = 0$$

使用拉格朗日乘子法对上述最优化问题求解，可得如下一阶条件：

$$(G_i) : \frac{\partial W_i}{\partial Y_i} \frac{\partial Y_i}{\partial G_i} - \mu_1 = 0 \qquad (4-5)$$

$$(z_i) : \frac{\partial W_i}{\partial z_i} - \mu_1 = 0 \qquad (4-6)$$

$$(N_i) : \frac{\partial W_i}{\partial Y_i} \frac{\partial Y_i}{\partial N_i} - \mu_2 = 0 \qquad (4-7)$$

$$(K_i) : \frac{\partial W_i}{\partial Y_i} \frac{\partial Y_i}{\partial K_i} - \mu_3 = 0 \qquad (4-8)$$

将式（4-5）和式（4-6）经过整理可得，

$$\frac{\partial W_i}{\partial Y_i} \frac{\partial Y_i}{\partial G_i} = \frac{\partial W_i}{\partial z_i} \qquad (4-9)$$

式（4-9）是地方政府决定其财政支出结构的规则，即边际收益等于边际成本。从公共投资的角度来看，等式左边是公共投资的边际收益，即公共投资的边际生产力及其对政府的边际效用；等式右边代表公共投资的边际成本及机会成本[①]。相应地，从公共服务的角度来看，等式左边也可以理解为公共服务的边际成本，右边为边际收益。将前面设定的政府目标函数（4-1）和生产函数（4-2）代入式（4-9），整理可得到命题 1。

命题 1：社会最优的均衡是一个对称的纳什均衡，最优的财政支出结

---

① 公共投资的边际成本为，预算约束下公共服务损失了等量财政投入从而导致的政府效用的损失。

构为：$z_{FB}/G_{FB} = \lambda_2/\lambda_1\gamma$。

其中，将社会最优的财政支出结构记为 z_{FB}/G_{FB}。命题 1 表明了在社会计划者的情况下，地方政府的财政支出结构取决于两个因素：其一，公共投资对于经济增长的贡献程度；其二，地方政府对经济增长和民生福利的相对偏好，这又取决于中央政府的考核机制与地方官员的自身偏好。当公共投资的产出弹性 γ 上升时，z_{FB}/G_{FB} 会下降，地方政府会相对增加公共投资，从而挤占公共服务支出；而当地方政府对于公共服务的相对偏好 λ_2/λ_1 增强时，z_{FB}/G_{FB} 会上升，地方政府会相对增加公共服务支出。

第三节　劳动力流动、分权竞争与财政支出结构的理论模型分析

一、基于劳动力不能自由流动假设的财政支出竞争模型

为了考察劳动力流动对于财政支出结构的影响，先考虑一个只有资本流动、劳动力不流动的模型作为一个参照。假定私人资本可以在地区间完全自由流动，并且利润率是资本落户的唯一考虑，那么各地区之间必然存在一个统一的利率 $\bar{r}$ 满足资本的套利条件。企业的利润函数可表示为：

$$\pi_i = F(K_i, N_i, G_i) - \bar{r}K_i - w_iN_i \qquad (4-10)$$

企业选择 K_i 和 N_i 进行生产使其利润最大化，并将其他要素价格与财政支出视为给定。从而，可求导出如下一阶条件：

$$\frac{\partial Y_i}{\partial N_i} = w_i \qquad (4-11)$$

$$\frac{\partial Y_i}{\partial K_i} = \bar{r} \qquad\qquad (4-12)$$

式（4-12）为资本自由流动所遵循的套利条件，它与给定的资本总量 $\sum K_i = \bar{K}$ 一起，决定了资本在各地区之间的空间配置。由于此处假设劳动力不流动，暂不考虑劳动力流动的均衡条件。将式（4-12）进行全微分，整理可得：

$$\frac{\partial K_i}{\partial G_i} = -\frac{F^i_{KG}}{F^i_{KK}} \qquad\qquad (4-13)$$

其中，下标代表导数形式，$F^i_{KG} = \partial^2 F^i / \partial K_i G_i$，由于生产要素的边际报酬递减与要素之间的互补性，$F^i_{KK} < 0$，$F^i_{KG} > 0$，这意味着，地方政府加大公共投资可以提升资本的边际生产率，从而提高资本的回报率，吸引资本流入 $\partial K_i / \partial G_i > 0$。因此，地方政府存在着为资本而竞争的激励，基于此，对政府目标最大化问题求解，可得一阶条件：

$$(G_i): \frac{\partial W_i}{\partial Y_i}\left[\frac{\partial Y_i}{\partial G_i} + \frac{\partial Y_i}{\partial GK_i}\frac{\partial K_i}{\partial G_i}\right] - \mu_1 = 0 \qquad\qquad (4-14)$$

$$(z_i): \frac{\partial W_i}{\partial z_i} - \mu_1 = 0 \qquad\qquad (4-15)$$

整理式（4-14）和式（4-15）可得：

$$\frac{\partial W_i}{\partial Y_i}\left[\frac{\partial Y_i}{\partial G_i} + \frac{\partial Y_i}{\partial K_i}\frac{\partial K_i}{\partial G_i}\right] = \frac{\partial W_i}{\partial z_i} \qquad\qquad (4-16)$$

式（4-16）是分权体制下，资本自由流动、劳动力不流动时，地方政府决定其财政支出结构的规则，仍然遵循边际收益等于边际成本的原则。但与式（4-9）对比可以发现，公共投资的边际收益增加了，等式左边多出了 $\frac{\partial W_i}{\partial Y_i}\frac{\partial Y_i}{\partial K_i}\frac{\partial K_i}{\partial G_i}$ 式，这代表在资本自由流动时，地方政府的公共投资不仅有促进经济增长进而提高政府效用的直接效应，还存在通过提高资本回报率吸引资本流入，从而进一步促进经济增长、政府效用提升的间接效应。

与税收竞争的逻辑非常类似，公共投资会吸引资本流入，而在资本总量一定时，这必然会对其他地区造成影响，挤占其他地区的资本，不利于其他地区的经济增长。但对比式（4-16）和式（4-9）的右边可以发现，公共投资的边际成本并没有发生改变。因此，每个地区在作决策时，只考虑了公共投资竞争给自身所带来的边际收益和边际成本的增加，却没有考虑竞争对其他地区所造成的损失。这就是财政支出竞争的负外部性，会导致各地区过多地进行公共投资，偏离社会最优的情形，造成公共资源的浪费。将前面设定的政府目标函数（4-1）、生产函数（4-2）及公共投资对资本流动的影响（4-13）代入式（4-16），整理可得命题2。

命题2：当资本可以自由流动、劳动力不能自由流动时，地方政府财政支出竞争的结果是财政支出结构的生产性偏向：$z_2/G_2 = \lambda_2(1-\alpha)/\lambda_1\gamma < \lambda_2/\lambda_1\gamma = z_{FB}/G_{FB}$，公共服务供给相对不足。

为方便起见，将资本自由流动但劳动力不能自由流动假设下的财政支出结构记为 z_2/G_2。命题2意味着，资本的自由流动为地方政府提供了促进经济增长的竞争策略，即加大生产性公共投资。由于假设劳动力无法自由流动，缺乏有效的居民需求偏好显示机制。因而，相比社会计划者的情形，公共投资的边际收益增加，而公共服务的边际收益不变，也意味着公共投资的边际成本不变，从而，地方政府竞相加大公共投资吸引资本流入，不断挤占公共服务支出，导致财政支出结构的扭曲，偏离社会最优。这就是众多研究地方政府竞争导致财政支出结构扭曲的文献的核心观点与逻辑（乔宝云等，2005；傅勇和张晏，2007）。

与命题1的结论对比，命题2还表明了在资本自由流动、劳动力不流动的情形下，除了前面已提及的两个因素以外①，私人资本对经济增长的

———————————

① 两个因素为公共投资对于经济增长的贡献程度与地方政府对经济增长和民生福利的相对偏好。

贡献程度也是影响地方政府支出结构的因素之一。当私人资本的产出弹性 α 上升时，z_2/G_2 会下降，地方政府会相对地增加公共投资，公共服务供给相对不足。

二、基于劳动力自由流动假设的财政支出竞争模型

考虑一个劳动力可在区域之间完全自由流动的情形[①]。劳动力根据效用最大化原则来选择居住地，若其他地区的效用大于现居住地的效用，则选择流动，否则不流动。因此，市场存在一个均衡效用 $\bar{u}$，使劳动力的流动达成均衡条件：

$$U(x_i, z_i) = \bar{u} \qquad (4-17)$$

参照张晏（2005）的设定[②]，假设企业的利润最终平均分配给当地居民，因此，居民的私人消费来源于其工资收入与利润收入，面临以下预算约束条件：

$$x_i = w_i + \pi_i/N_i \qquad (4-18)$$

将式（4-10）~式（4-12）代入居民的预算约束可得：

$$x_i = (F^i - F^i_K K_i)/N_i \qquad (4-19)$$

最后，将式（4-19）中的居民私人消费 x_i 代入式（4-17）劳动力流动的均衡条件，并结合式（4-12）的资本套利条件，可推导出资本和劳动力流动的均衡条件，记为包括地方政府的公共投资 G_i 和公共服务支出 z_i 在内的隐函数：

$$P(N_i, K_i, G_i) \equiv U[(F^i - F^i_K K_i)/N_i, z_i] - \bar{u} = 0 \qquad (4-20)$$

---

① 劳动力的完全自由流动意味着劳动力的流动成本为零。
② 张晏. 分权体制下的财政政策与经济增长 [M]. 上海：上海人民出版社，2005.

$$H(N_i, K_i, G_i) \equiv F_K^i(K_i, N_i, G_i) - \bar{r} = 0 \qquad (4-21)$$

其中，由于区域中的总劳动力和总资本恒定，均衡效用 $\bar{u}$ 和资本回报率 $\bar{r}$ 可由 $\sum K_i(r) = \bar{K}$ 及 $\sum N_i(u) = \bar{N}$ 条件共同决定。

对式（4-20）和式（4-21）进行全微分，可推导出：

$$\begin{pmatrix} P_N^i & P_K^i \\ H_N^i & H_K^i \end{pmatrix} \begin{pmatrix} \mathrm{d}N_i \\ \mathrm{d}K_i \end{pmatrix} = - \begin{pmatrix} P_G^i & P_z^i \\ H_G^i & H_z^i \end{pmatrix} \begin{pmatrix} \mathrm{d}G_i \\ \mathrm{d}z_i \end{pmatrix} \qquad (4-22)$$

其中，

$$P_N^i = U_x^i \frac{1}{N_i} \Big[(F_N^i - F_{KN}^i K_i) - \frac{1}{N_i}(F^i - F_K^i K_i) \Big]$$

$$P_K^i = U_x^i \frac{1}{N_i}(- F_{KK}^i K_i) \qquad (4-23)$$

$$P_G^i = U_x^i \frac{1}{N_i}(F_G^i - F_{KG}^i K_i), P_z^i = U_z^i$$

$$H_N^i = F_{KN}^i, H_K^i = F_{KK}^i, H_G^i = F_{KG}^i, H_z^i = 0$$

根据克莱姆法则推导式（4-22），可分别求导出公共投资 G_i 与公共服务 z_i 两类支出竞争策略对资本 K_i 和劳动力 N_i 流动的影响：

$$\frac{\partial N_i}{\partial G_i} = \begin{vmatrix} - P_G^i & P_K^i \\ - H_G^i & H_K^i \end{vmatrix} |A|^{-1}$$

$$\frac{\partial K_i}{\partial G_i} = \begin{vmatrix} P_N^i & - P_G^i \\ H_N^i & - H_G^i \end{vmatrix} |A|^{-1}$$

$$\frac{\partial N_i}{\partial z_i} = \begin{vmatrix} - P_z^i & P_K^i \\ - H_z^i & H_K^i \end{vmatrix} |A|^{-1} \qquad (4-24)$$

$$\frac{\partial K_i}{\partial G_i} = \begin{vmatrix} P_N^i & - P_z^i \\ H_N^i & - H_z^i \end{vmatrix} |A|^{-1}$$

其中，$A = \begin{pmatrix} P_N^i & P_K^i \\ H_N^i & H_K^i \end{pmatrix}$。

将前面所设定的地方政府目标函数、生产函数及居民效用函数 (4-1) ~ (4-3) 代入式 (4-24)，整理可得：

$$\frac{\partial K_i}{\partial G_i} = \frac{\gamma K_i}{(1 - \alpha - \beta) G_i} > 0$$

$$\frac{\partial N_i}{\partial G_i} = \frac{\gamma N_i}{(1 - \alpha - \beta) G_i} > 0$$

$$\frac{\partial K_i}{\partial z_i} = \frac{\theta_2 \beta K_i}{\theta_1 (1 - \alpha - \beta) z_i} > 0 \tag{4-25}$$

$$\frac{\partial N_i}{\partial z_i} = \frac{\theta_2 (1 - \alpha) N_i}{\theta_1 (1 - \alpha - \beta) z_i} > 0$$

由于生产函数中私人资本、劳动力、公共投资三种要素之间的互补关系，加大公共投资不仅可以提升资本的边际生产率，也能提高劳动的边际生产率，因而，加大公共投资能同时吸引资本和劳动力的流入，并促进辖区内经济增长。随着当地经济的发展，居民的收入也会随之增加，由于居民的效用来源于私人消费品（取决于其收入水平），当地居民的效用也会随之上升，进而从其他地区吸引更多劳动力的流入。

在公共服务方面，地方政府加大公共服务支出，能提升辖区内居民的效用，从而吸引更多劳动力的流入。由于劳动力与资本之间的互补关系，随着劳动力的增加，又会进一步促进资本边际生产率的提高，因而，公共服务支出也能间接地吸引资本的流入。上述两类财政支出对资本和劳动力流动的影响机制正是式（4-24）~ 式（4-25）所蕴含的。因此，在经济增长导向下，地方政府同时存在争夺资本和劳动力的竞争激励。基于以上考虑，求解地方政府的最优化问题的一阶条件变为：

$$(G_i): \frac{\partial W_i}{\partial Y_i} \left[\frac{\partial Y_i}{\partial G_i} + \frac{\partial Y_i}{\partial K_i} \frac{\partial K_i}{\partial G_i} + \frac{\partial Y_i}{\partial N_i} \frac{\partial N_i}{\partial G_i} \right] - \mu_1 = 0 \tag{4-26}$$

$$(z_i): \frac{\partial W_i}{\partial Y_i}\left[\frac{\partial Y_i}{\partial K_i}\frac{\partial K_i}{\partial z_i}+\frac{\partial Y_i}{\partial N_i}\frac{\partial N_i}{\partial z_i}\right]+\frac{\partial W_i}{\partial z_i}-\mu_1=0 \qquad (4-27)$$

整理式（4-26）和式（4-27）可得：

$$\frac{\partial W_i}{\partial Y_i}\left[\frac{\partial Y_i}{\partial G_i}+\frac{\partial Y_i}{\partial K_i}\frac{\partial K_i}{\partial G_i}+\frac{\partial Y_i}{\partial N_i}\frac{\partial N_i}{\partial G_i}\right]=\frac{\partial W_i}{\partial Y_i}\left[\frac{\partial Y_i}{\partial K_i}\frac{\partial K_i}{\partial z_i}+\frac{\partial Y_i}{\partial N_i}\frac{\partial N_i}{\partial z_i}\right]+\frac{\partial W_i}{\partial z_i} \quad (4-28)$$

式（4-28）是分权体制下，资本和劳动力均能自由流动时，地方政府决定其财政支出结构的规则，仍然遵循边际收益等于边际成本的原则。但与式（4-16）对比可发现，式（4-28）两边的内容均有所增加，等式左边多出了 $\frac{\partial W_i}{\partial Y_i}\frac{\partial Y_i}{\partial N_i}\frac{\partial N_i}{\partial G_i}$ 式，这代表着地方政府的公共投资不仅有促进经济增长的直接效应与吸引资本流入的间接效应，在劳动力自由流动时，还有吸引劳动力流入进而促进经济增长、提高政府效用的间接效应；而右边则多出了 $\frac{\partial W_i}{\partial Y_i}\left[\frac{\partial Y_i}{\partial K_i}\frac{\partial K_i}{\partial z_i}+\frac{\partial Y_i}{\partial N_i}\frac{\partial N_i}{\partial z_i}\right]$ 式，代表公共投资的边际成本增加，也等同于公共服务支出的边际收益增加。其经济含义为，公共服务支出除了能增加地方政府边际效用的直接效应以外，还有通过增加居民福祉吸引劳动力流入并进一步带动资本流入的间接效应。因此，公共投资与公共服务支出的边际成本与边际收益都有所增加，最终的财政支出结构还需进一步的分析。

在进一步分析之前，还要强调的是，与之前资本自由流动、劳动力无法流动的情形类似，各个地区在进行财政支出竞争决策时，仍然只考虑了财政支出竞争给自身所带来的边际收益和边际成本的增加，没有考虑竞争对其他地区所造成的负外部性。因此，与社会最优的情况相比，地方政府竞争仍会导致过多的财政支出。

将前面所设定的地方政府目标函数、生产函数、居民效用函数及两类财政支出对要素流动的影响代入式（4-28），整理可得命题3。

命题3：当资本和劳动力均能完全自由流动时，地方政府竞争的结果是：$z_3/G_3 = \lambda_2(1-\alpha)/\lambda_1\gamma + \beta(\theta_2\lambda_1 - \theta_1\lambda_2)/\theta_1\lambda_1\gamma$。①当$\theta_2/\theta_1 > \lambda_2(\alpha + \beta)/\lambda_1\beta$时，$z_3/G_3 > z_{FB}/G_{FB} > z_2/G_2$；②当$\lambda_2(\alpha+\beta)/\lambda_1\beta \geqslant \theta_2/\theta_1 > \lambda_2/\lambda_1$时，$z_{FB}/G_{FB} \geqslant z_3/G_3 > z_2/G_2$；③当$\theta_2/\theta_1 \leqslant \lambda_2/\lambda_1$时，$z_{FB}/G_{FB} > z_2/G_2 \geqslant z_3/G_3$。

其中，将资本和劳动力均能自由流动假设下的财政支出结构记为z_3/G_3。命题3意味着，在不改变中国地方政府的经济增长型目标下，劳动力的自由流动将有助于财政支出结构的改善，蒂伯特理论在中国仍能发挥一定的作用。但区别于西方国家，地方公共物品竞争机制在我国是通过劳动力对经济增长的促进作用传导给增长型地方政府的，从而形成了地方政府新的竞争激励——为人才而竞争。

另外，地方公共物品竞争机制对财政支出结构的影响还分为三种情况：第一，当居民对于公共服务与私人消费的相对偏好（θ_2/θ_1）大于地方政府对民生福利与经济增长的相对偏好（λ_2/λ_1）时，劳动力的自由流动将有助于改善地方政府为资本而竞争所造成的"重基本建设、轻人力资本投资和公共服务"的支出结构扭曲问题（情形②）；第二，当θ_2/θ_1及劳动力的产出弹性（β）足够大时，公共服务支出与公共投资的相对占比甚至会超过社会最优水平z_{FB}/G_{FB}，彻底扭转之前的支出结构扭曲（情形①）；第三，当居民的公共服务相对偏好很弱时，劳动力的流动反而会进一步加剧财政支出结构的扭曲（情形③）。

综上所述，在已假定地方政府对于经济增长和民生福利的相对偏好取决于中央政府的绩效考核机制及地方官员自身的偏好（即λ_2/λ_1外生给定）的情况下，"为人才而竞争"机制能否发挥其应有的作用，改善财政支出结构的生产性扭曲问题，关键在于居民对公共服务与私人消费的相对偏好（θ_2/θ_1）是否足够大，或者说是居民的公共服务需求是否足够强烈。总之，在"为人才而竞争"机制下，当居民的公共服务需求足够强烈时，地方政府为了吸引劳动力特别是高质量劳动力的流入实现当地经济的高质量发展，不得不回应劳动力的公共服务需求，提高公共服务的供给水平；并且，劳动力对于经济增长的贡献程度越高（β），也越有助于"为人才而竞争"机制的发挥。

第四节　理论模型的若干扩展说明

理论模型的设置不可避免地要对现实情况进行抽象与简化，有人可能会质疑理论模型对现实的解释力，因此，需要对以下几点问题进行说明。

一是现实社会中，居民个体之间存在差异，因而居民的需求偏好也必然存在异质性。再加上我国户籍制度的影响，流动人口与户籍人口的公共服务需求偏好也会存在差异。因此，在后面的实证分析部分，笔者试图控制户籍限制对居民需求偏好的影响，的确也发现，户籍管制的松紧会影响流动人口的公共服务偏好显示机制。但本章的理论模型重点探讨的是，居民根据各地方政府提供的公共服务来自由选择定居地作为居民个人偏好表露的一种方式，在我国是如何通过劳动力对经济增长的促进作用，将居民的公共服务需求传达给增长型地方政府，并约束地方政府的支出行为。因此，理论模型是在理想状态下的一种探讨与预测，在我国户籍制度不断深化改革的背景下，将居民的异质性简化并不会影响该结论的稳健性。

二是本章的理论模型没有讨论地区异质性的情况。中国幅员辽阔，各地区的经济发展条件迥异，进而会导致经济活动空间的不均衡分布，相关拓展工作可以参考博克和普弗鲁格（Borck & Pflüger，2006）、蔡和特雷斯曼（Cai & Treisman，2005）等学者的研究。由于本章的理论模型旨在从地方层面探索劳动力的流动能否形成地方政府新的竞争机制，因而地区差距并非本章的研究重点。但在本书后半部分（第六、第七章中），有尝试从国家层面进一步探讨地区差距与劳动力流动的相关问题。

第五节　小结

过去，中国地方政府对于经济增长及资本竞争表现出了极大的热情，并因此形成了特有的财政支出结构。但笔者对这一结构的成因有些不同的看法，因此，本书从劳动力流动的视角，基于财政支出竞争理论模型，对地方政府的竞争和支出行为进行了深入研究。

虽然中国式分权改革塑造了增长型地方政府能在一定程度上解释财政支出结构的现象，但笔者认为关键还是在于蒂伯特的地方公共物品竞争机制未能发挥其应有的作用。本章理论分析的初步结论是，在不改变我国地方政府的增长目标前提下，居民的公共服务需求偏好表露机制仍然能发挥作用。但其作用路径有别于传统的财政分权理论，在我国是通过劳动力对经济增长的促进作用，从而形成了地方政府新的竞争机制——为人才而竞争。过去物质资本的竞争机制现在同样适用于劳动力，地方政府通过提高辖区内公共服务支出，吸引劳动力特别是高质量劳动力的流入，促进本地人力资本积累，以期实现人力资本的内生经济增长。而当地方政府提供的公共服务与居民的需求不相匹配时，劳动力会流出，并降低当地资本的边际生产率、削弱资本的增长效应，从而导致地方经济增速下滑，损害地方政府的利益。

本书的理论分析还进一步探讨了影响地方公共服务竞争机制发挥作用的决定性因素是居民对公共服务与私人消费的相对偏好。若劳动力在迁移决策过程中对公共服务的相对偏好不足时，就难以在地方政府的公共服务支出上形成有效的激励。但随着经济的发展，人民对美好生活的需求在日益增长，从而通过居民的公共服务需求偏好表露机制在公共服务供给上形成正确有效的激励，倒逼地方政府回应居民日益增长的公共服务诉求，改善地方公共服务的供给水平。

综上所述，在我国经济新旧增长动能转换的大背景下，劳动力的自由流动和"为人才而竞争"机制会倒逼地方政府满足居民日益强烈的公共服务诉求，从而改善公共服务相对供给不足的问题。此外，与社会最优的基准模型对比，还可以发现中央政府提供公共服务的优势在于能够避免过度的地方政府竞争所导致的财政负外部性与公共资源浪费，正如那些讨论适度分权的文献所认为的，在纠正财政竞争的负外部性上，中央政府集中提供公共服务存在规模效应和效率优势。

第五章

劳动力流动对财政支出
结构的非线性影响

第一节 引言

中国式分权改革被认为是缔造中国增长奇迹的关键性制度安排，在此背景下，地方政府为经济增长而展开"标尺竞争"，形成了"重基础设施、轻人力资本投资和公共服务"的财政支出结构。

研究中国式分权与财政支出结构问题的文献发现，地方政府为了吸引资本的流入、促进经济的快速增长，会加大生产性公共投资支出的规模。因而，过去中国的基础设施发展水平大大领先于同水平发展中国家（张军等，2007）。中国式分权在基础设施上演绎出了一个罕见的有效机制，却未在公共服务的投入上形成有效的机制。之前的研究将这一支出结构偏向问题归因于中国式分权塑造了"为增长而竞争"的地方政府。根据前一章的理论分析，笔者认为即使保持地方政府的经济增长目标不变，随着地方政府逐渐认识到劳动力在经济增长中的重要作用，蒂伯特的地方公共物品竞争机制仍然能在我国发挥作用。

第四章的理论分析认为，地方公共服务竞争机制发挥作用的关键在于，迁移决策过程中，劳动力对于公共服务的相对偏好要足够强。居民对公共服务的显示性偏好问题一直是学术界经验研究的难点，国内的文献更是少有涉猎。但是，由此衍生的研究有不少，例如针对公共服务对人口流动的影响，国内学者已展开了深入研究，并通过实证检验得出了较为一致的结论，即地方的公共服务水平提高会吸引人口的流入（董理和张启春，2014；李一花等，2017；杨义武等，2017）。但上述研究均基于我国的宏观数据，受限于数据的可得性，这些研究均使用常住人口数据的变化来推算人口的迁移率。夏怡然和陆铭（2015）利用我国2005年1%的人口抽样调查中劳动力流动的微观数据研究了我国220个地级市的工资与公共服务等城市特征对劳动力迁移决策的影响，他们的研究发现，基础教育与医疗服务这两类公共服务水平越高的城市，劳动力流入的可能性越大。与宏观加总数据相比，微观调查数据与离散选择模型（如Logit模型和Probit模型）相结合，能更精准、深入地研究人口迁移决策的影响因素，既包括个人特征又包括地区特征。因此，本书将借鉴夏怡然和陆铭（2015）的方法对劳动力的公共服务需求偏好，即公共服务与私人消费的相对偏好进行估计；在此基础上，结合这一相对偏好与省级面板数据，进一步检验劳动力流动对财政支出结构的非线性影响。

第二节 基于微观数据估计劳动力的公共服务相对偏好

一、计量模型：条件 Logit 模型

在之前诸多研究人口迁移决策的实证类文献中，最令人困扰的问题

之一就是如何处理其他可选择的流入地，基于宏观数据的实证分析或普通的 Logit 模型与 Probit 模型不能或者最多只能考虑一个最优的备选流入地①，这一问题直到麦克法登（McFadden，1973）提出了条件 Logit 模型才得以彻底解决。在条件 Logit 模型下，不仅可以考虑全部备选流入地的特征，不流动也可作为一种备选方案参与回归分析。另外，该模型建立在效用最大化框架之上，每个备选方案均可表示为一个随机效用函数，根据效用最大化原则，每个居民可以选择流向任何一个目的地也可以选择留在现居住地。

这一微观基础与第四章的理论模型也相吻合，劳动力根据效用最大化原则作出迁移决策。但值得注意的是，前一章的理论模型为了方便推导，对居民的效用函数进行了极大的简化，其效用主要依赖于预期的收入与各地区的公共服务水平。但实际生活中，劳动力的迁移决策更为复杂，因而，在本章用流动人口数据进行回归时，效用函数记为：

$$U_{ij} = \beta' X_{ij} + \varepsilon_{ij} \qquad (5-1)$$

每个在地区 i 居住的居民都面临着 J 个备选方案，其中既包括流动到另外一个地区 j，也包括不流动。其中，X_{ij} 代表一系列随着备选方案不同而改变的变量，即备选地区的特征；ε_{ij} 为随机干扰项，代表其他未观测因素。如果居民选择流入地区 j，则在所有备选方案中效用 U_{ij} 是最高的②。因此，当地区 j 被选择时，从地区 i 迁移到地区 j 的概率统计函数可表示为：

$$P(y_i = j) = P(U_{ij} > U_{ik}) \ \forall \ k \neq j \qquad (5-2)$$

麦克法登（1973）已证明，当且仅当 J 个干扰项相互独立且服从同样的威布尔（Weibull）分布时，从地区 i 迁移到地区 j 的概率为：

① 如具有最高工资水平或最低失业率的备选地区。
② 即对于所有 $k \neq j$，$U_{ij} > U_{ik}$。

$$P(y_i = j) = \frac{e^{\beta' x_{ij}}}{\sum_j e^{\beta' x_{ij}}} \qquad (5-3)$$

在劳动力的迁移决策过程中，当地区 j 被选中时，被解释变量取值为 1，否则为 0。本书将利用条件 Logit 模型来估计式（5-3）中的一系列地区特征的系数 β，这些参数代表了地区特征对该地区被选择概率的影响程度。这些地区特征中也必然包括地区的收入和公共服务支出水平。由于居民的私人消费来源于其收入，因而公共服务支出水平与收入的参数之比即可代表劳动力对公共服务与私人消费的相对偏好。

二、数据与变量说明

根据上面的模型设定，由于本书主要关注省级地方政府的财政支出竞争问题，本书将利用人口流动的微观数据匹配省级特征数据对模型进行估计。人口流动的微观数据来源于 2011～2017 年中国流动人口动态监测调查数据（China Migrants Dynamic Survey，CMDS）。CMDS 是国家卫生健康委自 2009 年起一年一度大规模全国性流动人口抽样调查数据，覆盖全国 31 个省（区、市）和新疆生产建设兵团[①]，每年样本量近 20 万户，内容涉及流动人口及家庭成员人口基本信息、流动范围、就业、收支、居住、基本公共卫生服务等[②]。由于 CMDS 数据还包含了家庭成员的信息，因而可以对家庭的流动行为进行更深入的分析。省份特征数据则取自历年《中国统计年鉴》《财政统计年鉴》《中国劳动统计年鉴》。

值得注意的是，每个家庭的迁移决策是基于流出地与流入地对比后

---

① 本书将新疆生产建设兵团的样本并入新疆维吾尔自治区的样本。

② CMDS 数据介绍来自"流动人口数据平台"，http://www.chinaldrk.org.cn/wjw/#/home。

的结果，因此，目的地的迁移效用还取决于每个家庭的流出地，例如，对于出生在上海和新疆的两个家庭而言，流入北京所获得的效用肯定是不一样的。因此，上述的所有省份特征变量中，除了距离以外，都需要进一步考虑每个家庭流出地的省份特征。处理这一问题的方法有三种：一是使用流入地与流出地的比值（Davies et al.，2001）；二是使用流入地与流出地的差值（Fu & Gabriel，2012；Ye et al.，2016）；三是对所有省份特征进行标准化处理（夏怡然和陆铭，2015）[①]。第二种方法会产生负数，第三种方法是相较于全国平均水平而言，并没有完全体现出流出地对于流入地效用的影响，因此，本书使用第一种方法——流入地与流出地的比值，对于某个特征变量而言，比值越大时意味着该特征变量在流入地与流出地之间的差异越大，也意味着该特征变量对迁移决策的影响越大。

表 5-1 列出了本节中研究影响劳动力迁移决策的省级特征变量及其定义。其中，第一组核心变量是各省的工资水平。值得注意的是，本书研究的迁移决策问题以家庭为单位，最合适的变量应为各省的人均可支配收入，但由于该数据的统计口径发生了变更[②]，因而只能使用各省职工的平均工资水平作为替代变量，一个地区的平均工资水平代表了该地区潜在的迁移收益或损失，因此，预计相对工资水平越高的地区的迁移概率越高。另一组核心变量为各省的公共服务水平。在相关文献中，衡量公共服务水平的指标分为三类：公共服务的支出（投入）、数量与质量（产出）以及利用问卷调查方式获得的居民对当地公共服务的主观满意程度。由于本节中测算的公共服务的相对偏好是为了后面继续研究财政支出结构问题，因此，本书将使用最为直观的公共服务支出数据来衡量各省的公共服务供给水平，公共服务支出包括与家庭迁移最为相关的教育、

---

① 标准化处理为用省份特征的原始值减去全国均值再除以标准差。
② 城乡一体化住户调查自 2014 年起使用新口径进行统计。

科学、文化、卫生支出①。同时，为了控制人口规模的因素，使用人均公共服务支出数据。地区的公共服务水平也代表了该地区潜在的迁移收益或损失，因而预计劳动力会流向相对公共服务水平更高的地区。

表5-1　　　　　　　　　　　变量的定义

变量名称	定义
工资水平	城镇单位就业人员平均工资（元）
公共服务水平	公共服务支出（万元）/常住人口（万人）
失业率	城镇登记失业率
人口密度	各省常住人口（万人）/各省土地面积（万平方米）
平均受教育年限	就业人员平均受教育年限（年）
产业结构	第三产业增加值（亿元）/第二产业增加值（亿元）
固定资产投资	固定资产投资总额（万元）/GDP（万元）
相对房价	住宅平均销售价格（元/平方米）/工资水平（元）
迁移距离	流入地与户籍地的球面距离（千米）的对数

注：（1）公共服务支出数据来源于历年《财政统计年鉴》。（2）就业人员平均受教育年限根据各省就业人员受教育程度占比进行推算，数据来源于《中国劳动统计年鉴》，并将受教育程度转化为受教育年限，对应关系为：未上过学 = 0 年，小学 = 6 年，初中 = 9 年，高中/中专 = 12 年，大学专科 = 15 年，大学本科 = 16 年，研究生 = 19 年。（3）住宅平均销售价格的计算公式为全省住宅商品房销售额（万元）/销售面积（万平方米）。（4）各省行政区划面积数据来自《中国城市年鉴》。（5）迁移距离根据流出地与备选流入地的省会城市中心经纬度计算得到。（6）其他基础数据均来自历年《中国统计年鉴》。

除此之外，本书还控制了一系列的变量来捕捉外来家庭在流入地的就业机会、迁移成本及其他影响因素，包括失业率、人口密度、就业人员平均受教育年限、产业结构、固定资产投资、相对房价、迁移距离。其中，失业率为各省城镇登记失业率，是就业机会的直接代表。本书还进一步控制了人口规模，一是考虑人口越多就业机会越大，二是人口规模也会影响公共服务的供给水平。由于数据中既包含了直辖市又包含了普通省份与自治区，各地区行政面积的差异较大，因而本书选择常住人

---

① 2007 年预算科目改革之前，对应的支出科目包括教育事业费支出、科技三项费用支出、科学事业费支出、文体广播事业费支出、卫生经费支出；2007 年之后对应的支出科目为教育支出、科学技术支出、文化体育与传媒支出、医疗卫生支出。

口密度来衡量各省的人口规模。

　　同时，人力资本外溢性理论认为，城市的人力资本越高，劳动力获得学习机会越多，预期收入也增长得越快（Moretti，2004；夏怡然和陆铭，2015）。因此，本书使用各省份就业人员平均受教育年限来代表各省份的人力资本水平。除此之外，产业结构与固定投资占 GDP 的比重也能间接地代表各省份的就业机会，第三产业与第二产业对低技能劳动力的就业吸纳能力不同，由于在 CMDS 数据中超过半数的家庭为低技能家庭[①]，因此，第三产业与第二产业的产值比相对越低，该省份越有可能成为流入地，固定投资相对越高也代表对低技能劳动力的短期需求越大。房价作为生活成本的一部分，房价越高对流动人口的推力也越大，但由于公共服务资本化的存在，高房价也能间接体现当地较高的公共服务供给水平。因此，控制房价可以减少遗漏变量可能带来的内生性问题。还需要指出的是，生活成本与收入是相关联的，一个地区的房价对于地区内不同收入水平的家庭而言，居住成本对家庭效用的影响是存在异质性的，而绝对房价无法反映这一效用的差异。因此，借鉴吴晓瑜等（2014）、张莉等（2017）、张海峰等（2019）的做法，使用相对房价，即房价收入比这一指标来衡量不同家庭的购房难易程度差异，换言之，即居住成本的可负担性差异。此外，诸多文献也发现，迁移成本不仅体现在金钱方面，还表现为远离亲朋好友的心理成本，因此本书还控制了流出省份（即户籍所在省份）与备选省份之间的距离作为心理成本的替代变量。

　　由于历年 CMDS 数据的调查时点为 4～6 月，需将省级特征数据滞后一年或多年。同时，考虑 2011～2017 年 CMDS 数据中，流动人口以家庭为单位的平均流动年限为 6 年[②]，并考虑地方公共服务与人口流入之间存在双向因果关系，为了避免可能的内生性问题，也为了最大限度地避免

———————————

①②　笔者根据 CMDS 数据整理而得。

由于流动时间的分散导致样本量的损失，借鉴张莉等（2017）、张海峰等（2019）的方法，依次将前7年的省级特征变量先进行去通胀处理（以2004年为基期）并取对数（比例变量除外），然后取均值匹配历年的CMDS数据①。因此，省级特征变量涵盖的年份跨度为2004~2016年，表5-2报告了2004~2016年省份特征的描述性统计结果。

表5-2   省份特征的描述性统计结果

变量	观测数	均值	标准差	最小值	最大值
工资水平	403	38 000	19 000	12 000	120 000
人均公共服务支出	403	2 000	1 500	225.1	8 400
失业率	403	0.0357	0.0068	0.0120	0.0650
人口密度	403	422.9	631.5	2.247	3 800
平均受教育年限	403	9.100	1.406	3.499	13.44
产业结构	403	0.974	0.518	0.494	4.165
固定资产投资	403	0.665	0.232	0.240	1.386
相对房价	403	0.120	0.0411	0.0368	0.286

经过数据清洗，历年CMDS数据中的有效的家庭户数为，2017年169 989户，2016年168 983户，2015年205 944户，2014年200 924户，2013年198 789户，2012年158 551户，2011年127 899户。由于每个家庭都面临J个备选地区的选择集，所以每年实际的观测量为样本个数乘以备选地区个数（$N \times 31$）。此外，由于条件Logit模型中只能加入跟随选择方案（即备选城市）改变而改变的变量，因此，本书的解释变量中没有纳入家庭特征，但这并不改变该模型是基于家庭迁移行为的事实。

----

① 例如，2017年的CMDS数据匹配2010~2016年省级特征数据的均值，2016年的CMDS数据匹配2009~2015年省级特征数据的均值，以此类推。

三、估计结果

表5-3报告了工资与人均公共服务支出等省份特征影响人口迁移决策的分年度回归结果。从表5-3可以看出，与理论预期一致，每年相对工资水平的系数均显著为正，代表流动人口更有可能流入相对工资水平更高的省份。但随着时间的推移，相对工资水平的系数在减小，这意味着工资对于流动人口的吸引力越来越小。相反，相对公共服务水平的系数在增加，这代表公共服务水平对于流动人口的吸引力在逐渐增强。但与理论预期不一致的是，2014年以前相对公共服务水平的系数均为负数，这意味着人均公共服务支出相对较低的地区，劳动力流向该地区的概率越高。可能的解释是，随着流动人口不断地向经济发达地区涌入，导致发达地区的公共服务供需矛盾凸显，地方政府面临着巨大的财政压力，迫使地方政府不得不提高落户门槛来筛选高质量的劳动力，甚至利用与户籍制度相挂钩的公共服务供给机制来规避流动人口的公共服务支出责任，以此来缓解财政压力（Xu et al.，2014；李拓等，2016；魏东霞和谌新民，2018）。因此，这些发达地区的地方政府会区别对待户籍人口与流动人口，地方政府的公共服务支出仅考虑了户籍人口，若使用常住人口计算人均公共服务支出，由于庞大的流动人口数量会导致人均公共服务支出的数值相对较低，因此造成了人均公共服务支出越低的地方，人口流向该地区的概率越高的"假象"。

表5-3　　　　省份特征影响家庭迁移决策：分年度条件 Logit 回归

被解释变量	2011 年	2012 年	2013 年	2014 年	2015 年	2016 年	2017 年
o-d 工资	4.3959 *** (0.0616)	3.7510 *** (0.0688)	2.7646 *** (0.0576)	2.1106 *** (0.0796)	1.3006 *** (0.0603)	0.8240 *** (0.0612)	0.4579 *** (0.0651)
o-d 公共 服务水平	-0.7218 *** (0.0210)	-0.6205 *** (0.0241)	-0.3745 *** (0.0227)	-0.2368 *** (0.0322)	0.2171 *** (0.0237)	0.4064 *** (0.0255)	0.5562 *** (0.0268)

续表

被解释变量	2011 年	2012 年	2013 年	2014 年	2015 年	2016 年	2017 年
o-d 失业率	− 1. 8697 *** (0. 0523)	− 1. 8210 *** (0. 0450)	− 1. 3227 *** (0. 0387)	− 1. 5196 *** (0. 0419)	− 1. 8389 *** (0. 0326)	− 1. 9681 *** (0. 0304)	− 1. 9360 *** (0. 0291)
o-d 人口密度	− 0. 0992 *** (0. 0060)	− 0. 0750 *** (0. 0049)	− 0. 0710 *** (0. 0037)	− 0. 0679 *** (0. 0046)	− 0. 0498 *** (0. 0033)	− 0. 0540 *** (0. 0029)	− 0. 0578 *** (0. 0033)
o-d 平均受 教育年限	− 3. 4774 *** (0. 0673)	− 3. 8881 *** (0. 0557)	− 3. 7286 *** (0. 0483)	− 3. 6047 *** (0. 0596)	− 5. 0761 *** (0. 0513)	− 4. 5469 *** (0. 0485)	− 5. 0324 *** (0. 0556)
o-d 产业结构	− 0. 8656 *** (0. 0145)	− 0. 6730 *** (0. 0105)	− 0. 5644 *** (0. 0096)	− 0. 6107 *** (0. 0102)	− 0. 6206 *** (0. 0103)	− 0. 6867 *** (0. 0102)	− 0. 7380 *** (0. 0110)
o-d 固定 资产投资	− 2. 8694 *** (0. 0430)	− 3. 7640 *** (0. 0364)	− 4. 1779 *** (0. 0343)	− 4. 6290 *** (0. 0397)	− 5. 0191 *** (0. 0385)	− 5. 0281 *** (0. 0415)	− 5. 1563 *** (0. 0399)
o-d 相对 房价比	1. 8207 *** (0. 0240)	1. 3088 *** (0. 0173)	1. 2989 *** (0. 0140)	1. 3115 *** (0. 0142)	1. 0194 *** (0. 0141)	1. 0490 *** (0. 0158)	1. 2918 *** (0. 0173)
距离的对数	− 0. 5057 *** (0. 0014)	− 0. 5092 *** (0. 0013)	− 0. 5215 *** (0. 0013)	− 0. 5295 *** (0. 0015)	− 0. 5307 *** (0. 0015)	− 0. 5385 *** (0. 0015)	− 0. 5389 *** (0. 0015)
Chi2	179 696. 0	205 480. 1	241 655. 9	203 236. 0	193 966. 7	204 101. 1	202 360. 9
Pseudo R^2	0. 4197	0. 4151	0. 4065	0. 4229	0. 4182	0. 4239	0. 4324
样本容量	3 964 869	4 915 081	6 162 459	6 228 644	6 384 264	5 238 473	5 269 659
省份数量	31	31	31	31	31	31	31
家庭数量	127 899	158 551	198 789	200 924	205 944	168 983	169 989

注：括号内为稳健标准误；*** 、** 、* 分别表示在 1% 、5% 、10% 水平上显著；省份特征变量中的 o-d 代表该变量为备选流入地省份特征与流出地省份特征的比值。

而 2014 年之后，人均公共服务支出的系数转负为正，这意味着人均公共服务支出越高的地区，人口流向该地区的概率越高，符合理论预期。这可能与国务院于 2014 年 7 月颁发的《关于进一步推进户籍制度改革的意见》（以下简称《意见》）有关。该《意见》提出了要实行居民户口统一登记，推行居住证制度。该制度旨在剥离捆绑在户籍上的利益分配功能，将基本公共服务与居住证相挂钩。居住证持有者享有与当地居民同等的劳动就业、基本公共教育、基本医疗卫生服务、公共文化服务等权利。因此，2014 年之后，发达地区的地方政府不得不对流动人口与户籍人口一视同仁，其公共服务支出需根据持有居住证的流动人口数量进行相应调整，因而人口流入地的人均公共服务支出的数值上涨，其回归系数开始符合理论预期。在后面的稳健性检验中，将进一步探讨户籍制度的影响。

其他控制变量的系数也基本符合预期，失业率越高意味着就业机会越小，流入的可能性越小。产业结构的系数为负，代表第二产业比第三产业的吸纳就业能力更强。固定投资的系数为负，可能是因为，随着中国经济发展动力的转变，发达地区更注重人力资本投资，而欠发达地区仍然依靠固定资产投资拉动经济增长，因此固定资产投资占 GDP 的比重越高，意味着经济发展水平越低，流入的概率也更低。相对房价的系数为正，表明劳动力更倾向于流入房价高的城市，虽然相对房价越高，生活成本越高，但是上面也提到了，公共服务水平存在房价资本化效应，因此对外来流动人口的吸引力可能大于生活成本的排斥力。迁移距离越远，迁移成本越高，从回归结果来看，其他条件相同时，家庭的迁移决策更倾向选择更近的备选流入地。人口密度的回归系数为负，代表人口的地理饱和度会抑制流动人口。平均受教育年限的回归系数为负数，这意味着人力资本越高的地区，流入该地区的概率越低。可能的解释是，人力资本水平高的发达地区，会提高落户门槛人为地阻碍低技能劳动力的流入，前面也已提到 CMDS 数据中超过半数的劳动力为低技能劳动力。在后面的稳健性检验中，将进一步探讨各地区户籍管制的影响。

根据条件 Logit 回归结果可以进一步计算出劳动力对公共服务与私人消费的相对偏好，即人均公共服务支出的系数与工资的系数的比值[①]，结

---

① 条件 Logit 回归中系数的经济含义比较复杂，如当人均公共服务支出的系数为正时，这代表备选地区人均公共服务越高，流动人口选择流向该备选地区的概率越高。换而言之，公共服务能吸引劳动力的流入，且系数越大，吸引力越大。换个角度想，也可以将该回归系数理解为流动人口对公共服务的需求。因此，尽管条件 Logit 回归赋予了回归系数概率的含义，但该系数在某种意义上也可以代表流动人口对公共服务的偏好。

果如表 5 - 4 所示。可以看到，劳动力对公共服务与私人消费的相对偏好在逐渐增强，这意味着劳动力对公共服务的需求日益增强。

表 5 - 4　　　　　　劳动力对公共服务与私人消费的相对偏好

项目	2011 年	2012 年	2013 年	2014 年	2015 年	2016 年	2017 年
相对偏好	-0.1642	-0.1654	-0.1355	-0.1122	0.1669	0.4932	1.2147

注：公共服务与私人消费的相对偏好为人均公共服务支出的系数与工资的系数的比值。

四、稳健性检验

本书从两个方面进行了稳健性检验。

一是控制地区效应，加入东部地区与中部地区的虚拟变量[①]，结果如表 5 - 5 所示。流动人口对工资的偏好在逐渐增加，工资的系数一直显著为正，这意味着工资越高的地区，劳动力流入的概率越高，但系数的大小在逐年下降，这代表了工资的拉力在逐年减弱。相反，流动人口对公共服务的偏好在逐渐增强，并在 2014 年以后，由负转正。因此，控制了地区效应后的回归结果与前面的基准回归结果基本一致，核心解释变量与控制变量的系数与显著性均没有改变。再来看看地区效应的影响，由于加入的是东部地区与中部地区的虚拟变量，因此，西部地区为参照组。根据回归结果，中部地区的系数一直显著为负，东部地区的系数一直显著为正，这代表户籍地为西部地区的流动人口，更倾向于流入东部地区，但若要在中部地区和西部地区中选择，流动人口又更倾向于在西部地区内部流动。

---

①　东部地区虚拟变量为东部地区取值为 1，否则为 0；中部地区虚拟变量为中部地区取值为 1，否则为 0。

表 5-5 稳健性检验：控制地区效应

被解释变量	2011 年	2012 年	2013 年	2014 年	2015 年	2016 年	2017 年
o-d 工资	4.0560 *** (0.0610)	3.4688 *** (0.0688)	2.5374 *** (0.0585)	1.9426 *** (0.0807)	1.1053 *** (0.0627)	0.5858 *** (0.0659)	0.2958 *** (0.0700)
o-d 人均公共服务支出	-0.8134 *** (0.0204)	-0.7362 *** (0.0236)	-0.4924 *** (0.0223)	-0.3648 *** (0.0310)	0.0791 *** (0.0237)	0.2581 *** (0.0260)	0.3803 *** (0.0273)
o-d 失业率	-1.2438 *** (0.0575)	-1.3000 *** (0.0509)	-0.8388 *** (0.0439)	-1.2160 *** (0.0470)	-1.4400 *** (0.0364)	-1.6698 *** (0.0331)	-1.7400 *** (0.0317)
o-d 人口密度	-0.0939 *** (0.0060)	-0.0708 *** (0.0048)	-0.0686 *** (0.0038)	-0.0641 *** (0.0046)	-0.0463 *** (0.0033)	-0.0466 *** (0.0029)	-0.0482 *** (0.0031)
o-d 平均受教育年限	-2.9429 *** (0.0603)	-3.2599 *** (0.0502)	-3.1958 *** (0.0480)	-2.9349 *** (0.0589)	-4.4902 *** (0.0510)	-3.7053 *** (0.0504)	-4.1607 *** (0.0542)
o-d 产业结构	-0.5069 *** (0.0155)	-0.4265 *** (0.0117)	-0.3559 *** (0.0104)	-0.4774 *** (0.0109)	-0.4430 *** (0.0100)	-0.5427 *** (0.0099)	-0.6110 *** (0.0105)
o-d 固定资产投资	-2.9641 *** (0.0465)	-3.6669 *** (0.0381)	-3.9906 *** (0.0357)	-4.3834 *** (0.0408)	-4.6237 *** (0.0415)	-4.6638 *** (0.0456)	-4.7562 *** (0.0439)
o-d 相对房价比	0.9558 *** (0.0288)	0.7608 *** (0.0210)	0.8567 *** (0.0163)	1.0339 *** (0.0161)	0.6328 *** (0.0166)	0.7477 *** (0.0182)	0.9930 *** (0.0196)
距离的对数	-0.5216 *** (0.0015)	-0.5205 *** (0.0014)	-0.5320 *** (0.0013)	-0.5383 *** (0.0016)	-0.5448 *** (0.0016)	-0.5531 *** (0.0016)	-0.5556 *** (0.0016)
中部地区	-0.4677 *** (0.0187)	-0.5600 *** (0.0173)	-0.4434 *** (0.0155)	-0.4817 *** (0.0188)	-0.5181 *** (0.0160)	-0.6747 *** (0.0162)	-0.7329 *** (0.0171)
东部地区	0.7647 *** (0.0200)	0.5200 *** (0.0191)	0.5077 *** (0.0170)	0.2983 *** (0.0197)	0.5406 *** (0.0182)	0.3343 *** (0.0178)	0.2964 *** (0.0180)
Chi2	160 374.5	196 192.2	226 278.9	194 263.7	180 007.5	187 214.0	184 046.4
Pseudo R^2	0.4255	0.4199	0.4105	0.4258	0.4234	0.4292	0.4381
样本容量	3 964 869	4 915 081	6 162 459	6 228 644	6 384 264	5 238 473	5 269 659
省份数量	31	31	31	31	31	31	31
家庭数量	127 899	158 551	198 789	200 924	205 944	168 983	169 989

注：括号内为稳健标准误；***、**、*分别表示在 1%、5%、10% 水平上显著；东部地区为北京、天津、河北、辽宁、上海、江苏、浙江、福建、山东、广东、海南，中部地区为山西、吉林、黑龙江、安徽、江西、河南、湖北、湖南。

　　二是控制户籍管制的影响。在前面的回归分析中发现，2014 年的户籍制度改革、居住证制度的推广可能会影响流动人口的公共服务需求偏好。在现实中，随着户籍制度改革的不断深化，不同人口规模地区的户籍管制强度存在差异。人口规模较小的城镇的落户门槛也相对较低，户籍制度对流动人口的公共服务歧视性也较弱；反而是大城市为了防止人口的过度流入，设置了较高的落户门槛，户籍制度对人口流动的公共服务歧视问题也严重。

　　因而，本书尝试控制不同地区户籍管制强度的影响，最初的设想是设置省份城市与直辖市的虚拟变量，但由于 CMDS 数据部分年份缺少样本城市的具体数据，无法识别出省会城市。因此，考虑数据的可得性，尝试使用直辖市的虚拟变量及其与人均公共服务支出和平均受教育年限的交乘项，回归结果如表 5 - 6 所示。

表 5 - 6　　　　　　稳健性检验：控制户籍管制的影响

被解释变量	2011 年	2012 年	2013 年	2014 年	2015 年	2016 年	2017 年
o-d 工资	3.1052 *** (0.0595)	2.8808 *** (0.0604)	2.7770 *** (0.0500)	2.4158 *** (0.0681)	2.4674 *** (0.0575)	2.1749 *** (0.0619)	2.0675 *** (0.0646)
o-d 人均公共服务支出	1.1390 *** (0.0327)	1.1068 *** (0.0306)	0.9990 *** (0.0251)	1.1075 *** (0.0332)	0.9502 *** (0.0270)	1.0673 *** (0.0290)	1.1420 *** (0.0305)
直辖市 × o-d 公共服务	-1.6051 *** (0.0229)	-1.7841 *** (0.0192)	-1.7718 *** (0.0208)	-1.9342 *** (0.0249)	-1.5773 *** (0.0254)	-1.6101 *** (0.0266)	-1.5538 *** (0.0281)
o-d 失业率	-0.6434 *** (0.0357)	-0.6124 *** (0.0332)	-0.0435 (0.0339)	-0.4023 *** (0.0374)	-0.6866 *** (0.0320)	-1.0134 *** (0.0322)	-0.8847 *** (0.0322)
o-d 人口密度	-0.0532 *** (0.0038)	-0.0480 *** (0.0033)	-0.0526 *** (0.0027)	-0.0526 *** (0.0034)	-0.0390 *** (0.0025)	-0.0405 *** (0.0022)	-0.0401 *** (0.0024)
o-d 平均受教育年限	2.2394 *** (0.0663)	1.6191 *** (0.0691)	1.4576 *** (0.0748)	1.4946 *** (0.0896)	0.0533 (0.0998)	0.9928 *** (0.0998)	0.7540 *** (0.1111)
直辖市 × o-d 受教育年限	-2.9482 *** (0.1045)	-3.0310 *** (0.0918)	-2.4707 *** (0.0948)	-2.7137 *** (0.1195)	-3.1065 *** (0.1175)	-4.7551 *** (0.1256)	-4.8743 *** (0.1327)

续表

被解释变量	2011 年	2012 年	2013 年	2014 年	2015 年	2016 年	2017 年
o-d 产业结构	−0.3310 *** (0.0122)	−0.2394 *** (0.0093)	−0.1287 *** (0.0093)	−0.1969 *** (0.0103)	−0.1671 *** (0.0102)	−0.2012 *** (0.0108)	−0.2072 *** (0.0115)
o-d 固定资产投资	−3.2956 *** (0.0483)	−3.9275 *** (0.0438)	−4.0397 *** (0.0415)	−4.3680 *** (0.0475)	−4.4185 *** (0.0455)	−4.2623 *** (0.0491)	−4.3155 *** (0.0483)
o-d 相对房价比	0.9868 *** (0.0203)	0.8187 *** (0.0158)	0.9047 *** (0.0129)	0.9457 *** (0.0133)	0.6586 *** (0.0136)	0.6813 *** (0.0150)	0.8667 *** (0.0162)
距离的对数	−0.5844 *** (0.0021)	−0.5858 *** (0.0019)	−0.5833 *** (0.0017)	−0.5865 *** (0.0020)	−0.5726 *** (0.0019)	−0.5815 *** (0.0019)	−0.5837 *** (0.0019)
直辖市	4.3480 *** (0.1188)	5.1374 *** (0.1022)	4.2157 *** (0.1039)	4.7838 *** (0.1297)	4.3129 *** (0.1287)	6.2877 *** (0.1355)	5.9983 *** (0.1440)
Chi2	172 983.3	205 120.5	242 643.0	204 353.5	207 912.0	206 494.4	196 890.8
Pseudo R^2	0.4393	0.4324	0.4201	0.4353	0.4280	0.4343	0.4433
样本容量	3 964 869	4 915 081	6 162 459	6 228 644	6 384 264	5 238 473	5 269 659
省份数量	31	31	31	31	31	31	31
家庭数量	127 899	158 551	198 789	200 924	205 944	168 983	169 989

注：括号内为稳健标准误；***、**、* 分别表示在 1%、5%、10% 水平上显著；直辖市包括北京、天津、上海、重庆。

在控制户籍管制强度的影响之后，即加入直辖市的虚拟变量及其与人均公共服务支出和地区平均受教育年限的交乘项，之前基准回归存在疑虑的两个变量——人均公共服务支出和地区平均受教育年限的系数符号均显著为正，符合理论预期。这也代表了之前关于户籍制度的猜想是正确的，正如表 5 - 6 中的回归结果所示，直辖市与人均公共服务支出、地区平均受教育年限的交互项的系数均显著为负，这证实了流动人口在直辖市受到了严重的公共服务歧视和技能歧视，这意味着发达地区户籍制度的公共服务歧视性和技能偏向性更强。

另外，人均公共服务支出的系数虽然没有较大的浮动，但工资的系数在逐年下降，这意味着流动人口对公共服务与私人消费的相对偏好仍然在逐年增强。其他控制变量的系数与显著性和基准模型相比，基本保持一致。

表 5 - 7 汇报了控制地区效应和户籍管制后，劳动力对公共服务与私

人消费的相对偏好。总体而言，劳动力对公共服务的需求偏好呈逐年上升的趋势，与基准回归的趋势大体一致。

表 5 -7　　　　　劳动力对公共服务与私人消费的相对偏好：稳健性检验

类型	2011 年	2012 年	2013 年	2014 年	2015 年	2016 年	2017 年
控制地区效应	- 0. 2005	- 0. 2122	- 0. 1941	- 0. 1878	0. 0716	0. 4406	1. 2857
控制户籍管制	0. 3668	0. 3842	0. 3597	0. 4584	0. 3851	0. 4907	0. 5524

注：公共服务与私人消费的相对偏好为人均公共服务支出的系数与工资的系数的比值。

第三节　劳动力流动、相对偏好与财政支出结构

第四章的理论分析结果认为，劳动力的流动与财政支出结构之间存在着非线性关系，只有当劳动力对公共服务的需求足够大时，地方公共服务竞争机制才能发挥作用，提升公共服务的供给水平，改善财政支出结构；相反，当劳动力对公共服务的需求不足时，将无法改善财政支出结构，甚至有可能加剧扭曲。因此，本节将结合前面估计的劳动力的公共服务需求偏好及省级面板数据展开进一步的分析。

一、计量模型：门槛模型

根据前面的理论分析，基于汉森（Hansen，1999）提出的门槛模型，构建如下计量模型：

$$EXPSHARE_{it} = \alpha_i + \beta X_{it} + \gamma_1 MIG_{it} I(pref_i \leq m) + \gamma_2 MIG_{it} I(pref_i > m)$$
$$+ \gamma_3 FD_{it} + \gamma_4 COMPCAP_{it} + \lambda_t + \varepsilon_{it} \quad (5 - 4)$$

其中，下标 i 代表省份，t 代表年份，$EXPSHARE_{it}$ 代表财政支出结构，MIG_{it} 代表劳动力的迁移率，$pref_i$ 为门槛变量（即劳动力对公共服务与私

人消费的相对偏好），FD_{it} 代表地方政府的财政分权程度，$COMPCAP_{it}$ 代表地方政府为资本而竞争的激烈程度，X_{it} 为其他控制变量，λ_t 为时间固定效应，ε_{it} 为随机误差项。

以上为单一门槛的模型设定，如存在多重门槛，可进一步扩展。单一门槛回归的基本思想是，对于门槛变量 $pref_i$，即劳动力的公共服务需求偏好的两种取值情况而言，劳动力的迁移对于财政支出结构的影响存在着明显的差异。相比简单的分组回归，门槛模型的优势在于：一是可以解决未知门槛值的问题；二是门槛回归是基于自抽样法（bootstrap）的全样本检验，显然比分组回归在方法上更有效。

二、数据与变量说明

由于要使用之前通过 CMDS 数据估计的公共服务相对偏好作为门槛变量，这里只能使用 2011～2017 年 31 个省（区、市）的省级面板数据。数据来自历年《中国统计年鉴》《财政统计年鉴》《中国劳动统计年鉴》及各省份历年统计年鉴与统计公报。各变量定义如表 5-8 所示。

表 5-8　　　　　　　　　　　　　变量的定义

变量名称	变量符号	变量含义
财政支出结构	EXPSHARE	公共服务支出/公共投资支出
人口迁移率	MIG	常住人口增长率（%）- 人口自然增长率（%）
相对偏好	Pref	流动人口对公共服务与私人消费的相对偏好
财政分权	FD	各省人均本级财政支出/中央人均本级财政支出
资本竞争程度	COMPCAP	各省实际利用 FDI/全国 FDI
人均 GDP	$PCGDP$, $PCGDP^2$	GDP（万元）/常住人口（万人），取对数及其平方项
人口密度	DENS	各省常住人口（万人）/各省土地面积（万平方米）
城镇化水平	URBAN	城镇人口（万人）/总人口（万人）
受教育年限	EDUYR	各省平均受教育年限
产业结构	INDSTR	第二产业增加值（亿元）/GDP（亿元）
对外开放程度	OPEN	按经营单位所在地划分的进出口总额（亿元）/GDP（亿元）

注：进出口总额按当年美元兑人民币中间价折算。

本书的被解释变量$EXPSHARE_{it}$为财政支出结构。现有文献测度财政支出结构的指标主要有两种：一是使用某一类别财政支出占总支出的比重（傅勇和张晏，2007）；二是使用各类财政支出之间的配比关系（亓寿伟和胡洪曙，2015；储德银和邵娇，2018）。由于理论分析章节中采用的是公共服务支出与公共投资的比值（见第四章命题3），因此，计量回归中也沿用这一比值形式来测度财政支出结构的偏向程度。比值越小，则代表生产性支出扭曲问题越严重，即公共服务支出受到公共投资的挤压越大。此外，在2007年我国实行收支分类改革后，经济建设支出这一具有代表性的生产性支出科目被取消。丛树海（2012）认为，根据新旧口径换算，经济建设支出科目被拆分为农林水事务、交通运输、粮油物资储备事务、采掘电力信息事务、金融事务及灾后重建支出。本书选取其中最具代表性的农林水事务支出与交通运输支出作为政府公共投资的替代变量。而公共服务支出则与上一节的数据口径保持一致，包括教育支出、科学技术支出、文化体育与传媒支出及医疗卫生支出。

本书最核心的解释变量为各省的劳动力流动规模。但由于缺乏省级层面劳动力流动的数据统计，只能使用流动人口的数据作为替代，其中隐含的假设为各省劳动力与总人口的比率一样。借鉴杨等（Yang et al.，2019）的做法，流动人口的迁移率为常住人口增长率减去人口自然增长率。

除此之外，影响财政支出结构的其他重要因素还包括财政分权与地方政府的资本竞争强度。在众多研究财政分权的文献中，较为常用三个分权指标为——支出分权、收入分权及财政自主度。由于本书研究的是财政支出竞争，选取财政支出分权指标，并控制人口规模的影响，即$FD =$各省人均本级财政支出/中央人均本级财政支出。在经济增长目标下，地方政府有加大生产性财政支出的强烈动机以吸引资本流入。因此，借鉴吕炜和郑尚植（2012）、储德银和邵娇（2018）的指标设置，使用各省实际利用 FDI 占全国的比重作为政府资本竞争努力程度的替代指标。

X_{it} 为一系列控制变量，包括人均 GDP 及其平方项、人口密度、城镇化率、平均受教育年限、产业结构等。加入人均 GDP 是为了控制各省的贫富程度对于财政支出结构的影响，并考虑财政支出与经济发展水平之间可能存在非线性关系，进一步加入人均 GDP 的平方项。在人口密度大和城镇化水平高的省份，人口的聚集一方面能实现区域内公共服务支出的规模效益，地方公共服务竞争机制也能更好地发挥作用促使地方政府加大公共服务支出；另一方面由于要承担更大的支出压力，地方政府加大生产性投资、大力发展经济。因而，这两个变量对财政支出结构的影响存在不确定性。

另外，笔者认为人口结构的某些特征也能在一定程度上反映当地居民对公共物品的偏好。例如，居民对教育的需求就存在一种代际传递，受教育水平高的父母往往更重视子女的教育，而受教育水平低的父母则在对公共物品的需求上表现得更为短视，更注重经济层面的公共物品供给，如交通设施。因此，本书采用居民的平均受教育年限作为人口结构的替代变量，并预期平均受教育程度越高的地区，财政支出的偏向问题越不明显。此外，在上一章的理论分析中，虽假定地方政府的偏好外生给定，但可以看到地方政府的偏好是影响财政支出结构的重要因素之一。因此，为了捕捉地方政府的偏好，本书还引入产业结构这一控制变量。财政支出作为地方政府调控经济的重要手段，地方政府往往会制定出有利于当地主导产业发展的财政支出结构。因此，预计在第二产业占比高的地区，政府可能优先保障工业生产性财政支出，从而挤占基础教育、基本医疗等公共服务支出，加剧财政支出结构的生产性扭曲。

三、回归结果

在使用门槛模型估计参数之前，首先需要检验门槛效应的显著性，以此来确定门槛的个数。根据表 5 - 9 中的检验结果，门槛个数在下降，但单一门槛十分稳健。对应上一小节中通过条件 Logit 模型估算的公共服务相对偏好（见表 5 -4），可以看出门槛效用发生在 2013 年以后。

表 5 -9 门槛效应检验

模型	门槛类型	F 值	P 值	BS 次数	门槛估计值	95% 置信区间
模型 1	单一门槛	24. 252 ***	0. 010	300	- 0. 150	[- 0. 150， - 0. 124]
	双重门槛	12. 201 **	0. 050	300	0. 330	[- 0. 124， 0. 854]
	三重门槛	2. 239	0. 113	300	—	—
模型 2	单一门槛	20. 580 ***	0. 000	300	- 0. 150	[- 0. 150， - 0. 124]
	双重门槛	11. 900 *	0. 057	300	0. 330	[- 0. 124， 0. 854]
	三重门槛	2. 744	0. 117	300	—	—
模型 3	单一门槛	7. 111 **	0. 037	300	- 0. 150	[- 0. 150， 0. 854]
	双重门槛	4. 665	0. 140	300	—	—
	三重门槛	1. 389	0. 253	300	—	—

注：***、**、*分别表示在1%、5%、10%水平上显著。

门槛回归结果报告于表 5 - 10 中，模型 1 仅考虑了劳动力迁移率、分权程度及资本竞争强度这三个核心变量对支出结构的影响，模型 2 在此基础上加入了人均 GDP 及其平方项，模型 3 进一步控制了其余控制变量。门槛回归结果基本符合预期，在 5% 的显著水平下，当劳动力对公共服务与私人消费的相对偏好很小时，人口流动对于财政支出结构的影响较小且不显著；而当劳动力对公共服务的相对偏好超过一定临界值时（即大于 - 0. 155），人口迁移率的系数显著为正，且数值翻了近 3 倍。这与理论分析章节的预期一致，只有当劳动力对公共服务与私人消费的相对偏好足够大时，即劳动力对公共服务的需求足够强时，地方公共服务竞争机制才能发挥作用，财政支出结构的生产性扭曲问题才得以改善（第四章命题 3）。此外，根据模型 3 的结果，*FD* 与 *COMPCAP* 的系数均为负数，也验证了财政分权与资本竞争机制会导致支出结构的生产性偏向问题（第四章命题 2）。

表 5 – 10　　　　　　　　　　门槛回归结果

被解释变量	模型 1	模型 2	模型 3
MIG 1	3.6642 (3.4879)	6.1768 * (3.5276)	4.7379 (4.7479)
MIG 2	18.7388 *** (4.1201)	20.2915 *** (3.8773)	15.5235 *** (3.8045)
MIG 3	46.5783 *** (8.0890)	46.1776 (7.6482)	—
FD	– 0.1427 *** (0.0354)	– 0.1797 *** (0.0354)	– 0.1500 *** (0.0371)
COMPCAP	1.3200 (1.3278)	2.3410 * (1.2741)	– 0.2170 (1.2102)
PCGDP	—	35.5125 *** (8.4410)	26.2787 *** (8.6522)
$PCGDP^2$	—	– 1.7968 *** (0.4408)	– 1.3364 *** (0.4492)
DENS	—	—	3.7184 ** (1.4753)
URBAN	—	—	7.6510 *** (1.6724)
EDUYR	—	—	0.0043 (0.0507)
INDSTR	—	—	– 0.1559 (0.8207)
OPEN	—	—	– 0.3276 (0.2609)
时间效应	是	是	是
R^2	0.3526	0.4373	0.5243
N	217	217	217

注：括号内为标准误；***、**、*分别表示在 1%、5%、10% 水平上显著。

其他控制变量的回归结果也基本符合预期。人均 GDP 对财政支出结构的影响呈现倒"U"型，这意味着随着人均收入水平的提高，地方政府会相对增加公共服务支出但增加额呈现递减的特征。这一倒"U"型的关系在一些文献中也有类似的发现，可能的解释是，早期随着经济水平的发展，民生性公共服务支出也会随之稳步增加，但随着中国经济增速放缓与人口的老龄化，公共服务支出的负担日益沉重，地方政府需要通过经济建设投入刺激经济发展以获得更多财政收入维持巨额的公共服务支出压力，因此，尽管公共服务支出的绝对额仍然在稳步上升，但上升的幅度会放缓，其与公共投资的比例的增速相对于人均 GDP 的增速会是下降的（李雪，2018）。

另外，人口密度与城镇化水平的系数均显著为正，验证了人口的聚集会促使地方政府更加注重公共服务的供给，这也侧面地为第四章命题 3 的结论增加了证据，人口流动有助于地方公共服务竞争机制的发挥，促使地方政府改善公共服务供给水平。

最后，受教育年限、产业结构、对外开放的系数虽然不显著，但是符号与理论预期一致。

四、稳健性检验

前面已略有提及，财政分权程度的测度还有另外两个指标——收入分权与财政自主度，考虑这两个指标与财政支出的内生性关联较小，本书将使用这两个指标进行稳健性检验。与支出分权指标类似，收入分权指标是用各省本级人均财政收入与中央人均财政收入的比值表示；而财政自主度则用省级财政收入与财政支出的比值表示，若比值越大，则表明地方财政自给自足的能力越强。模型 4 使用了收入分权指标，模型 5 使用了财政自主度。另外，本书前面对劳动力的公共服务相对偏好也进行了稳健性检验，这里也将沿用这一结果进一步展开检验，模型 6 结合使用了支出分权指标与控制了地区效应后的公共服务相对偏好；模型 7 结合使用了收入分权指标与控制了地区效应后的公共服务相对偏好；模型 8 结合使用了财政自主度与控制了地区效应后的公共服务相对偏好。

表 5 – 11 汇报了门槛效应检验的结果，既有双门槛也有单一门槛，单一门槛最为稳健。对应上一小节中通过条件 Logit 模型估算的公共服务相对偏好（见表 5 – 4 与表 5 – 7），可以看到门槛效应发生在 2013 年以后，与基准回归的结果一致。

表 5 – 11 　　　　　　　　门槛效应检验：稳健性检验

模型	门槛类型	F 值	P 值	BS 次数	门槛估计值	95% 置信区间
模型 4	单一门槛	8.810 **	0.017	300	− 0.150	[− 0.150，− 0.124]
	双重门槛	6.553 *	0.083	300	0.854	[− 0.165，0.854]
	三重门槛	2.454	0.160	300	—	—
模型 5	单一门槛	7.169 **	0.047	300	− 0.150	[− 0.165，0.854]
	双重门槛	4.182	0.150	300	—	—
	三重门槛	1.287	0.127	300	—	—
模型 6	单一门槛	7.111 **	0.037	300	− 0.197	[− 0.206，0.863]
	双重门槛	4.665	0.140	300	—	—
	三重门槛	1.389	0.253	300	—	—
模型 7	单一门槛	8.810 **	0.017	300	− 0.197	[− 0.197，− 0.191]
	双重门槛	6.553 *	0.083	300	0.863	[− 0.206，0.863]
	三重门槛	2.454	0.160	300	—	—
模型 8	单一门槛	7.169 **	0.047	300	− 0.197	[− 0.206，0.863]
	双重门槛	4.182	0.150	300	—	—
	三重门槛	1.287	0.127	300	—	—

注：***、**、*分别表示在1%、5%、10%水平上显著。

表 5 – 12 汇报了门槛回归的结果，基本符合预期，在 2013 年之前劳动力对公共服务与私人消费的相对偏好较小时，劳动力迁移对于财政支出结构的影响不显著，甚至会有负面的影响；而 2013 年以后，当劳动力对公共服务的相对偏好足够大时，劳动力迁移率的系数显著为正。其他控制变量的结果与基准回归也基本一致。

表 5 - 12　　　　　　　　门槛回归结果：稳健性检验

被解释变量	模型 4	模型 5	模型 6	模型 7	模型 8
MIG 1	- 1.8349 (5.2303)	1.5803 (4.9461)	4.7379 (4.7479)	- 1.8349 (5.2303)	1.5803 (4.9461)
MIG 2	12.1275 *** (4.1122)	12.9494 *** (3.9363)	15.5235 *** (3.8045)	12.1275 *** (4.1122)	12.9494 *** (3.9363)
MIG 3	38.2118 *** (10.8327)	—	—	38.2118 *** (10.8327)	—
FD	- 0.4413 *** (0.1280)	- 0.1555 (0.5889)	- 0.1500 *** (0.0371)	- 0.4413 *** (0.1280)	- 0.1555 (0.5889)
COMPCAP	0.6646 (1.311)	- 0.1977 (1.2615)	- 0.2170 (1.2102)	0.6646 (1.311)	- 0.1977 (1.2615)
其他控制变量	是	是	是	是	是
时间效应	是	是	是	是	是
R^2	0.5219	0.4784	0.5243	0.5219	0.4784
N	217	217	217	217	217

注：括号内为标准误；*** 、** 、* 分别表示在 1%、5%、10% 水平上显著；其他控制变量与前文基准回归中的模型 3 一致。

第四节　小结

本章首先利用 2011～2017 年的 CMDS 数据与 31 个省份的省级特征数据，通过条件 Logit 回归估算了劳动力对公共服务与私人消费的相对偏好，之后，运用这一相对偏好，通过门槛回归，检验了劳动力的流动对财政支出结构的非线性影响。主要的实证结果可概括为以下几点。

第一，根据条件 Logit 回归的结果，劳动力对公共服务与私人消费的相对偏好在逐年增长，这意味着劳动力对公共服务的需求随着时间的推移在不断增强。结合门槛回归的结果表明，当劳动力对公共服务的需求很弱时（2013 年之前），劳动力的流动无法改善财政支出结构的生产性扭曲，但当劳动力对公共服务的需求足够强时（2013年之后），劳动力的流动将有助于财政支出结构的改善，地方公共服务竞争机制在我国能够发挥一定的作用。

第二，劳动力对公共服务的需求除了受到自身偏好的影响之外，还会受到户籍制度的约束。根据条件 Logit 回归的结果，2014年人均公共服务支出的系数由负数转为正数，这一时点恰巧与国务院提出要全面推行居住证制度，剥离捆绑在户籍上的公共服务权利的时点相吻合。这意味着，随着户籍制度与公共服务的松绑，劳动力对公共服务的真实需求得以表现出来。因此，过去的文献用户籍制度限制了劳动力的流动一笔带过太过随意，更严谨的表述应该是户籍制度的公共服务歧视性阻碍了劳动力的公共服务需求表达机制。

第六章

公共服务、异质性劳动力流动
与地区收入差距扩大的机制分析

第一节 引言

前面的研究主要从地方层面，研究了现阶段经济发展所面临的公共服务供给不足的问题，在地区同质化的假设下，着重考虑了蒂伯特理论对地方政府财政支出竞争的影响。事实上，我国幅员辽阔，区域之间存在显著差异，接下来将进一步考虑地区差异的因素及其对劳动力流动与地区收入差距的影响。

蔡和特雷斯曼（Cai & Treisman，2005）发现，由于地区间存在初始禀赋差异，地方政府之间的竞争会强化这一差异，从而形成强者恒强的马太效应，造成地区间差距的不断扩大。因此，中央政府承担着推动区域协调发展，缩小区域发展差距的重任。但也有学者（Qian & Weingast，1997）认为，经济落后地区相比经济发达地区可能会提供更有吸引力的投资条件和提高劳动力市场的灵活性，从而追赶上发达地区。换句话说，落后地区的地方政府可能通过加大人才引进力度及提供更优质的公共服务等手段来吸引劳动力的流入，但落后地区政府的财政支出竞争策略很大程度上受限于地区的财政能力。因此，在 2005 年党的十六届五中全会第一次正式提出公共服务均等化的概念之后，党的十七大明确了缩小区域发展差距必须注重实现基本公共服务均等化，引导生产要素跨区域合理流动。这背后的理论逻辑在于，在新古典经济理论生产规模报酬不变的假设下，劳动力的边际报酬递减，当劳动力从低收入地区向高收入地区迁移时，一边会降低高收入地区劳动力的边际报酬，另一边由于劳动力的流出又会提高低收入地区劳动力的边际报酬，从而缩小地区间收入差距，形成地区收入收敛机制。

但我国的经验证据表明，在基本公共服务均等化背景下，中国地区间的人均公共服务支出水平的差距在不断缩小，但收入差距仍呈现不断扩大的趋势（见图 6-1）。大量的劳动力迁移并没有起到缩小地区间收入差距的作用，针对这一理论与现实困境的相悖，有必要重新审视新古典经济学这一经典理论对现阶段中国的适用性。针对这一问题，还需要结合中国的现实，并引入其他理论分析框架进一步分析探讨。

图 6-1　2005～2018 年地区收入差距与地区公共服务支出差距的演变

注：地区收入差距与公共服务支出差距为各地区城镇居民人均可支配收入与人均公共服务支出的变异系数。

资料来源：历年《中国统计年鉴》《财政统计年鉴》《中国住户调查年鉴》。

基于基本公共服务均等化这一现实背景，为了从公共服务与地区差距的角度更好地考察劳动力流动与地区收入差距的影响机制，本书选取房价作为关键的传导机制。这是由于在诸多研究文献中，其中一个衍生推论为：一个地区的公共服务水平越高，其不动产价值越高，即存在公共服务的资本化现象，因此，房价从某种意义上能够反映当地的公共服务供给水平。

过去，大规模的劳动力迁移给东部沿海地区提供了充足的劳动力资源，推动了东部沿海地区经济的高速发展。从人口流动方向来看，大部分劳动力纷纷涌向经济发达、收入水平高、就业机会多的地区。2015年全国1%的人口抽样调查资料显示，当年吸纳流动人口最多的前五个城市深圳、上海、北京、广州、成都，共累积吸纳了33.8%的流动人口（黎嘉辉，2019）。但与此同时，这些主要的人口流入地也经历了房价的持续上涨，2005～2015年，深圳、上海、北京、广州、成都的住宅销售价格的平均年增长率分别高达38.11%、22.10%、26.19%、17.94%、12.94%[①]。可见，尽管房价的持续上涨增加了经济发达地区的居住成本，但流动人口仍然继续向经济发达地区集聚。

这正是由于在劳动力的迁移决策过程中，他们追求的是在可支配收入的预算约束下，私人商品与公共物品组合的效用最大化，而经济越发达的地区公共服务供给水平也越高，因此，高质量的公共服务水平对高房价的挤出效应存在负向调节机制（Diamond，2016；黎嘉辉，2019；周颖刚等，2019）。换言之，高房价会释放双重信号，一方面高房价代表了高额的居住成本；另一方面在公共服务资本化机制下高房价又代表了当地优质的公共服务供给水平。这意味着，日益高涨的房价虽然会增加流动人口的居住成本，减少可支配收入，但是高房价也意味着该地区的公

---

① 笔者根据历年主要城市的住宅商品房平均销售价格整理得到，数据来源于国家统计局网站，http：//data. stats. gov. cn/easyquery. htm？cn = E0105。

共服务质量更好，因此两相权衡之下，日益上涨的房价并不必然导致流动人口迁移效用的减少。本书第五章的实证分析也有类似的发现，流动人口更偏好公共服务支出水平更高的省份，相应地这些省份的房价也更高。

但对上述逻辑，笔者仍存在几点疑惑：一是在公共服务均等化的背景下，高房价必然代表更高的公共服务水平吗？如图 6 - 1 所示，地区间公共服务水平差异在不断缩小，这是否意味着存在其他的制度因素导致房价的持续高涨？例如，有些研究发现，土地供给的约束可能会影响公共服务资本化的显著程度（Billon & Stadelmann，2010）。二是高房价对于不同技能类型的劳动力是否会产生异质化的影响？现实中，一线城市房价的暴涨引发了公众"逃离北上广"的热议，这代表仍有部分流动人口被高房价挤出了一线城市。邵朝对等（2016）在研究房价与城市集聚的过程中发现，房价会挤出低端劳动力；戴尔蒙特（Diamond，2016）的研究也有类似的发现，只有高技能劳动力因更偏好公共服务水平从而愿意承担更高的居住成本。

因此，本书将以房价这一关键传导机制，将公共服务、异质性劳动力流动、集聚效应等因素串起来，深入探讨中国地区收入差距扩大的影响机制与制度障碍。

第二节　公共服务的房价资本化机制与显著程度分析

一、公共服务的房价资本化机制

公共服务资本化的思想仍起源于蒂伯特（1956）的"用脚投票"

理论，即居民会基于自身对税收和公共服务的偏好在地区之间自由迁移。这一理论衍生出了公共服务资本化机制的推论，由于居民的迁移伴随着购房的需求，因而公共服务质量越高的地区，购房需求越多，房屋的价值也随之水涨船高，奥茨（Oates，1969）开创性的经验研究验证了这一资本化机制。之后，学者们纷纷围绕各类公共服务的供给水平与房产价值的关联展开经验检验，研究结论都普遍证明，公共服务的地区差异均能反映到房价的差异中（Pollakowski，1973；Rosenthal，1999；杜雪君等，2009；梁若冰和汤韵，2008；汤玉刚等，2015）。

房屋作为一种商品，根据特征价格模型（hedonic price model），其价格可以视为由一组特征向量组成的价格函数。这些特征向量包括房屋自身的属性与周边的环境，而住房周边的公共服务则是其中重要的一个特征向量。公共服务的供给水平的提升，自然会改善住房条件，进而增加房屋价值。因此，住房周边作为一种"空间权利"的公共服务①均可能资本化到房屋价值之中。

纵观相关文献，公共服务的持续改善可能会不同程度地资本化到房屋价值中，从而造成房价的上涨，只要存在房地产市场，公共服务资本化的机制就会发生作用。古今中外，没有质的区别，只有量的差异，接下来将结合中国的现实，从住房的供给和需求两端阐述影响公共服务资本化"量的差异"的两个关键制度因素：偏向中西部地区的土地供应政策和户籍制度。

二、偏向中西部地区的土地供应政策的影响

从住房的供给端来看，一些研究发现，公共服务的房价资本化的显

---

① 无论是教育、医疗卫生等软公共服务，还是基础设施等硬公共物品。

著程度取决于土地的供应政策。比隆和斯塔德尔曼（Billon & Stadelmann, 2010）的研究发现，当住房的供给弹性很小时，公共服务资本化才存在；而供给弹性很大时，公共服务资本化则不存在。希尔伯（Hilber, 2017）的研究也发现，由于土地管制与地理条件的限制，土地供应约束会使公共服务资本化的现象更明显。

这一土地供应约束在中国也存在，我国在土地公有制下实行严格的土地用途管理制度和保护耕地制度。《土地利用年度计划管理办法》规定①，各省、自治区、直辖市的年度土地利用计划需要受到全国土地利用年度计划的总量控制，并上报国务院后由各地区参照执行。同时，作为住宅商品房开发的土地，必须经由土地出让的方式获得。陆铭等（2015）的研究指出，2003 年以后出于区域均衡发展的考虑，中央政府在土地供应上实行了倾向中西部地区的用地政策。

图 6-2 刻画了 2010~2016 年东中西部地区在全国土地供应中的份额（以土地出让面积计算）。如图所示，在 2011 年之前，中西部地区的土地供给占比仍小于东部地区，但 2011 年之后，中西部地区的土地供给占比超过东部地区，并呈现不断上升的趋势，从 2010 年的 47%上升到 2016 年的 66%，这代表东部地区在这段时期内，土地供应政策在不断收紧。另外，东部地区仍是人口流入地，因此，还需考虑人口规模的因素。图 6-3 刻画了 2010~2016 年东中西部地区的平均人均土地供应面积的变化趋势。如图所示，在 2012 年之前，中西部地区的平均人均土地出让面积还小于东部地区，2012 年之后中西部地区的人均土地出让面积反超东部地区。因此，在向中西部地区倾斜的土地政策和人口持续向东部沿海地区迁移的背景下，东部地区的土地供求关系十分紧张。

---

① 《土地利用年度计划管理办法》，中国人民政府门户网站，http：//www.gov.cn/ziliao/flfg/2006-12/25/content_477669.htm。

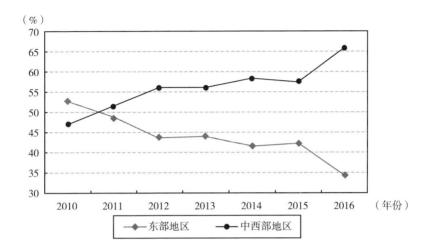

图6-2 2010~2016年东部、中西部地区土地供应占比

资料来源：由历年《中国国土资源年鉴》中各省份土地出让面积整理得来。

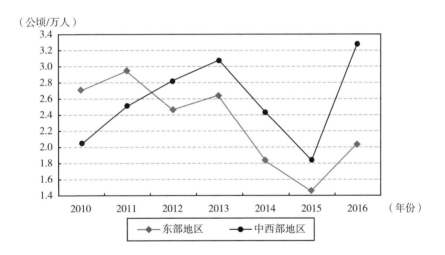

图6-3 2010~2016年东部、中西部地区平均人均土地出让面积

资料来源：由历年《中国国土资源年鉴》《中国统计年鉴》中的土地出让面积和常住人口数据整理得来。

基于以上种种事实，笔者认为，东部地区土地供应政策的收紧会进一步强化该地区的公共服务资本化机制，从而进一步推高该地区的房价。其逻辑在于，在东部经济发达地区，随着公共服务供给水平的不断提高、人口的不断流入，居民的购房需求会不断上涨，正常市场机制下，住房的供应量也会随之上涨以满足当地居民的刚性需求。但由于东部发达地区的土地供应约束，住房的供给跟不上日益上涨的需求，削弱了正常市场机制下价格的调节作用，进一步强化公共服务的房价资本化机制，从而导致发达地区的房价高涨。

三、户籍制度的公共服务歧视性与改革的"放小抓大"的影响

从住房的需求端来看，户籍制度的公共服务歧视性也会进一步强化公共服务的资本化机制。首先，需要先梳理一下我国户籍制度的历史沿革。

在新中国成立之初，户籍制度伴随着计划经济体制而建立并逐步强化。由于当时国内物资特别是粮食的短缺，城市失业率居高不下，为了缓解这一严重的社会供需失衡问题，中央政府于1958年颁布了《中华人民共和国户口登记条例》，采取了严格的人口管理制度，并将该制度与就业、教育、医疗、粮油等权益挂钩。因此，户籍制度并非是简单的基于人口居住情况而进行的人口登记与迁移管理制度，还是与诸多权益的利益分配相挂钩的制度。这导致户籍制度渗透到居民生活的方方面面，造成了城乡和城市之间隔离的局面。

改革开放以后，伴随着市场经济体制的确立、以工业化与城市化为核心的现代化进程，城市产生了大量对劳动力的需求，同时农村又出现了大量剩余劳动力，大规模的"民工潮"涌向"北上广"及其他沿海经济发达城市。这一时期，严格的户籍管制开始松动，但户籍制度的歧视问题仍然没有改善。大城市仍按照自身发展的需要大量地吸收农村务工人员，却严格控制落户门槛，导致这些农村务工人员虽实现了职业与地域的空间转变，却无法实现身份的转变，产生了流动人口这一特殊群体。流动人口在城市的地位低下，无法与本地居民同等地享受与户籍制度相

挂钩的公共服务权益。因此，因户籍制度而产生的歧视包括两个方面：工资的歧视与公共服务的歧视。

随着市场经济的不断发展，严格的户籍制度已逐渐不合时宜，并制约着经济的可持续发展和社会公平的实现。面临现实的迫切需求，国务院于 2001 年颁布了《关于推进小城镇户籍管理制度改革意见》，开始全面放开了小城镇的落户限制，旨在改善小城镇的户籍歧视问题。但是，由于以收入为目的进城务工人员并未减少向经济相对发达的大城市转移的倾向（孙文凯等，2011），大量流动人口仍然涌向东部沿海城市，这次改革并没有起到预期的作用，小城镇人口也未曾出现大幅增长的趋势。另外，小城镇以外的大中城市的户籍管制未曾出现松动，仍然十分严苛，户籍歧视问题依然严峻。

流动人口市民化的进程十分缓慢，户籍人口的城镇化率与常住人口的城镇化率之间存在着较大的差异，2014 年该差值高达 18.09%①。为了改善流动人口在城镇的生存状态，国务院于 2014 年 7 月颁布了《国务院关于进一步推进户籍制度改革的意见》（以下简称《意见》），该《意见》提出了要实行居民户口统一登记、全面推行居住证制度的目标，旨在剥离捆绑在户籍上的权益分配功能，将基本公共服务与居住证、居住年限等条件相互挂钩。在居住证制度下，居住证持有者可与当地居民同等地享有就业、基本公共教育、基本医疗卫生服务、公共文化服务等权利。这一轮的户籍制度改革，侧重通过剥离户籍与教育、就业、住房等配套权益，以实现以人为本的户籍制度改革，解决户籍制度的公共服务歧视问题。同年 12 月，国务院就《居住证管理办法（征求意见稿）》向社会征求意见②，正式的《居住证暂行条例》（以下简称《条例》）自 2016 年

---

① 根据《中国统计年鉴》《中国人口和就业统计年鉴》整理而得。
② 《国务院法制办公室关于〈居住证管理办法（征求意见稿）〉公开征求意见的通知》，中国人民政府门户网站，http：//www.gov.cn/wenzheng/2014-12/04/content_2786681.htm。

1月1日开始实施①，之后各省份纷纷出台各自的居住证制度与管理办法②。新中国成立以来历经近70年的户籍制度"壁垒"被打破，流动人口与户籍人口同等享受基本公共服务的合法权益第一次得以明确。

尽管如此，户籍制度改革仍然存在"放小抓大"与技能偏向的问题（魏东霞和谌新民，2018）。不同人口规模的城市户籍改革力度差异较大，小城镇最大，中小城市次之，而大城市的力度最小。例如，2014年颁发的《意见》仍然强调规范有序的原则，即"全面放开建制镇和小城市落户限制；有序放开中等城市落户限制；合理确定大城市落户条件；严格控制特大城市人口规模；提高技能常住人口的城镇落户率"。这意味着，2014年这一轮的户籍制度改革仍然只突破了中小城市的落户限制，却收紧了大城市尤其是北上广等特大城市的落户政策，同时还提高了大城市落户的技能门槛。与之相类似，2016年开始实施的《条例》中，规定的居住证落户条件为，"建制镇和小城市的落户条件为在城市有合法稳定住所；中等城市的落户条件为在城市达到一定年限的合法稳定就业和合法稳定住所以及参加城镇社会保险达到一定年限；大城市在就业年限和合法稳定住所之外，可结合本地实际建立积分落户制度；特大城市和超大城市则根据城市综合承载能力和经济社会发展需要建立、完善积分落户制度"。而各地区出台的居住证制度根据不同城市的实际情况也存在大大小小的隐性门槛。

国内的经验研究也证实了户籍制度的公共服务歧视和排他性依然存在（夏怡然和陆铭，2015），并且，随着我国流动人口家庭化的趋势不断增强（盛亦男，2013；吴帆，2016），流动人口对医疗、教育及社会

---

① 《居住证暂行条例（国令第663号）》，中国人民政府门户网站，http：//www.gov.cn/zhengce/content/2015 – 12/12/content_10398.htm。

② 例如，《河北省居住证实施办法（试行）》已于2016年2月15日施行，《北京市实施〈居住证暂行条例〉办法》已于2016年10月1日施行，《上海市居住证管理办法》已于2018年1月1日施行。

保障等公共服务的需求只会更强。而从现有的落户政策来看，不论是在小城市还是大中城市，拥有合法稳定的固定住所是城镇落户的基本条件之一。而在实际操作层面，部分大城市还需要通过购房落户的方式才能获得户口，而部分超大和特大城市的积分落户制度也都包含了购房指标（孔艳芳，2015）。在此，不得不额外提及教育这一特殊的公共服务，在中国的义务教育阶段，根据相关规定存在免试就近入学的原则①。因此，中国也存在学区的概念，而由于我国人口规模庞大，优质教育资源相对稀缺，"望子成龙"的家长原意为了将孩子送到最好的学校付出高额的代价，导致近年来"学区房"的价格被炒到屡破新高。而在实际操作中，在大城市与特大城市的教育资源紧张的区域，对适龄儿童的居住地要求十分严格，并基本遵循就近入学与户籍相挂钩的原则。例如，上海杨浦区规定，户籍所在地与居住所在地一致的适龄儿童可优先安排就近入学，而对于"人户分离"的适龄儿童则根据区域内的具体情况统筹安排（卢为民和张琳薇，2015）。胡婉旸等（2014）利用北京市的数据也验证了这一与户籍制度挂钩的教育资源分配机制会导致学区房的溢价。

　　因此，在我国与公共服务相挂钩的户籍管理制度下，以在当地购房为落户的先决条件，会迫使流动人口尽快在流入地买房以获得享受基本公共服务的权利，将流动人口的购房需求变为刚性需求，从而进一步抬高房价。这意味着，住房已成为中国居民获得教育、医疗等公共服务的中间机制，房地产市场承担了公共服务空间配置的重要功能。综上所述，从住房需求的角度来说，户籍制度的公共服务歧视性与改革的"放小抓大"会进一步强化公共服务的资本化机制，且在人口规模越大、经济发展水平越高的地区，由于户籍管制越强，强化机制也越强。

---

① 1986 年颁布的《中华人民共和国义务教育法》明确了就近入学的招生政策。

第三节　房价与地区间收入差距扩大的机制分析

上一小节介绍了公共服务资本化的机制，并重点阐述了偏向中西部地区的土地供应政策及户籍制度的公共服务歧视性与改革的"放小抓大"是如何强化这一资本化机制，进而导致发达地区的房价水平持续高涨。本小节将接着分析发达地区的高居住成本对劳动力流动的异质化影响，以及最终导致地区收入差距扩大的机制。

此处，先要引入人力资本异质性的概念，诸多研究按照劳动者的受教育程度将劳动力进行技能划分，将未接受过高等教育的劳动力称为低技能劳动力，将受过高等教育的劳动力称为高技能劳动力（Acemoglu & Autor，2011）。同时，还将一个地区内的高技能与低技能劳动力的人数之比用来代表该地区的人力资本结构，也可称为技能结构。

一、房价对劳动力流动的异质化影响

房价代表着居民在当地生活的成本，而对于流动人口及有意向流动的劳动力而言，房价的上涨意味着流入地居住成本的上涨，会不可避免地减少劳动力的可支配收入，从而降低劳动力的迁移回报率。

如果对劳动力的技能水平不加以区分，人们可能会简单地认为，发达地区房价的不断上涨会同等地减少所有劳动力的迁移回报率；但是事实并非如此，若将高、低技能的劳动力分开来看，高技能劳动力的收入水平必然高于低技能劳动力，因而，低技能劳动力的居住成本在其收入中所占的比重很可能会高于高技能劳动力，从而导致低技能劳动力对于居住成本的上涨会更为敏感，房价的上涨可能会对低技能劳动力的迁移

回报率产生更多的负面影响。这也是在诸多研究房价与劳动力流动的文献中大多使用相对房价（即房价收入比）的原因，同一个地区的房价对于不同收入水平的劳动力而言效用是不同的，而绝对房价无法反映居住成本对劳动力的异质化影响（张莉等，2017；周颖刚等，2019）。

房价或者说居住成本的上涨对于不同技能劳动力迁移决策的异质化影响的关键在于，相较于高技能劳动力，低技能劳动力的住房支出占其收入的比重更大。这蕴含着住房并非是一个同质产品的假设，如果住房有固定成本，那么这一成本在低技能劳动者收入中所占的份额将大于高技能劳动者。这一假设也将会影响劳动力的迁移决策，因为房价每上涨1%将在低技能劳动者的家庭预算中占据的更大份额，增加流动的成本，降低流动的收益率。为了验证这一假设，下一章将使用流动人口微观数据展开进一步的分析。

本书通过对劳动力技能水平的分类，将房价的异质化影响一分为二。由于发达地区的房价上涨会更多地侵蚀低技能劳动力的迁移回报率，因而不同技能的劳动力的迁移决策也会出现分化，高技能劳动力将继续从欠发达地区流入发达地区，而低技能劳动力的迁移率则会下降，甚至高居住成本会将低技能劳动力挤出发达地区。最终，发达地区会偏向高技能劳动力[1]，各地区的技能结构也会随之发生改变。

二、劳动力流动的异质性导致地区收入差距扩大

在发达地区房价高涨的背景下，高技能劳动力的持续聚集与低技能劳动力的迁移率放缓，对于地区收入差距的影响分为两个方面。

一方面，高技能劳动力的聚集会推动发达地区收入水平的上升。这

---

[1]　类似的，前面在梳理户籍制度改革的历史沿革时，发现经济发达的大城市的落户政策也更偏向高技能劳动力。

是由于知识技术的溢出效应，导致拥有更高技术水平的高技能劳动力的边际报酬递增，因此，发达地区高技能劳动力的聚集不但不会降低高技能劳动力的边际生产率，反而能提高当地所有劳动力的生产率，从而提高所有劳动力的边际报酬。除此之外，经济集聚机制也会进一步推动高技能劳动力的集聚，进而推动发达地区收入水平的上升。集聚效应最初用来表述地理距离临近的企业由于生产的相关性或互补性，在一定区域内集聚将获得包括交易成本降低、知识外溢、技术扩散等在内的诸多优势，促使区域内生产率的不断提高，因而企业不断地向一个地区集中，并逐渐形成产业集群。因此，随着高技能劳动力在发达地区的集聚，当地生产率的提高会促使企业与产业的进一步集聚，进而促进当地生产率与劳动回报率的进一步提升，从而促使高技能劳动力更大规模地集聚，发达地区的收入水平不断提高，这一过程将不断循环积累。事实上，改革开放以来，东部沿海发达地区的飞速发展均受益于大量人力资本密集型行业的集聚，劳动力特别是高技能劳动力会不断向这些发达地区涌入。因此，高技能劳动力在发达地区的集聚，会不断地强化本地市场效应和知识技术溢出效应，促使劳动生产率不断提升，进而使发达地区的整体收入水平不断提高。而欠发达地区，由于高技能劳动力的不断流出，集聚效应尚未发生或者很弱，无法提高该地区的收入水平，因此，地区间的收入差距不断扩散，同时地区间人力资本差异也不断扩大。

另一方面，发达地区低技能劳动力迁移率的下降，会阻碍地区间收入差距的收敛。由于低技能劳动力的知识溢出效应很弱，低技能劳动力仍然呈现边际报酬递减的规律。根据新古典经济理论，低技能劳动力从欠发达地区流入发达地区，会提高欠发达地区的平均技能水平，降低发达地区的平均技能水平，因而，欠发达地区劳动力的边际报酬会上升，发达地区劳动力的边际报酬会下降，地区间收入差距收敛，这一现象也称为"人力资本的融合"（Ganong & Shoag，2017）。但这一人力资本融合机制由于低技能劳动力迁移率的下降而难以发挥其应有的收敛作用，从而导致地区间收入差距的进一步扩大。

上述劳动力的异质性流动对地区收入差距扩散的两种影响路径，在诸多文献中都得以验证。赵伟（2007）的研究发现，高技能劳动力的流动与集聚效应会扩大地区收入差距，而低技能劳动力的流动会延缓地区收入差距的扩散。但是，在本书中，只有高技能劳动力的流动可以发挥其应有的作用，而低技能劳动力的流动难以发挥作用，这是由于发达地区房价的不断上涨降低了低技能劳动力的流动性，导致低技能劳动力流动的人力资本融合机制无法充分发挥作用，从而导致地区收入差距的不断扩散。

第四节　小结

综上所述，尽管地区间基本公共服务供给水平差异在不断缩小，但偏向中西部地区的土地供应政策和户籍制度的公共服务歧视性与改革的"放小抓大"会强化发达地区的公共服务资本化机制，导致东部发达地区的公共服务更多地资本化到房价中，从而推动发达地区的房价不断上涨。而高涨的房价对于不同技能的劳动力存在异质化的影响，居住成本的上涨会更多地侵蚀低技能劳动力的迁移回报率，导致低技能劳动力的迁移率下降，造成劳动力流动行为的异质化。一方面，高技能劳动力相比低技能劳动力会更多地流向发达地区，并在集聚效应的共同作用下，进一步促进发达地区高技能劳动力的不断集聚，提高发达地区的整体生产效率，带动发达地区整体收入水平的提升，并且造成地区间人力资本差异的不断扩大。另一方面，低技能劳动力的迁移率下降，会削弱低技能劳动力的人力资本融合机制，地区间人力资本差异不断扩大，导致低技能劳动力流动的地区收入差距收敛机制无法有效发挥作用。最终，地区间收入差距不断扩大（见图6-4）。

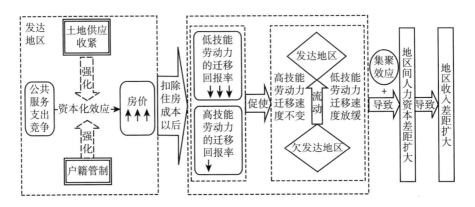

图6-4　公共服务、土地供应政策、户籍制度对地区收入差距的作用机制

第七章

阻碍地区收入差距缩小的
制度障碍的实证研究

第一节　引言

第六章的机制分析已详细地阐述了尽管地区间基本公共服务供给水平差异在不断缩小，但在偏向中西部地区的土地供应政策和户籍制度的公共服务歧视性与改革的"放小抓大"背景下，东部高收入地区的公共服务会更多地资本化到房价中，从而推高东部高收入地区的房价水平，而不断上涨的房价对劳动力流动会产生异质化影响导致地区间人力资本差异不断扩大，再叠加上集聚效应，最终会导致地区间收入差距的扩大。由于异质性劳动力流动与地区收入差距扩大的关联已在理论与经验研究中都得以印证（赵伟和李芬，2007），本书的实证研究将主要探讨在基本公共服务均等化的背景下，土地供应政策与户籍制度是如何通过房价最终导致地区收入差距的扩大。因此，接下来将结合微观的流动人口数据与省级面板数据对上述两大制度障碍的传达机制展开深入研究。

在第六章的理论分析部分，本书提出了居住成本对劳动力的流动可能存在异质化的影响。在研究劳动力流动的相关文献中，一般使用房价来反映流动人口的居住成本。但有一种质疑的声音是，流动人口特别是低技能劳动力在流入地通常以租房的形式居住，并且还包括各种经济适用房、廉租房及非正规场所，因此商品房的价格无法反映每个人真实的居住成本（黎嘉辉，2019）。针对这一质疑，本章使用 CMDS 数据中流动人口所提供的每月住房支出来进行研究，该数据包括了不同住房性质的房租或房贷支出①。

第二节　基于流动人口数据的特征事实分析

本小节的特征事实归纳与机制分析将继续使用 2011 ～ 2017 年的 CMDS 数据。先从每年的 CMDS 数据中整理出家庭总收入、家庭总支出、家庭住房支出以及家庭成员的受教育程度、性别、民族、年龄、流动时间、户籍地与现居住、住房性质等指标，便于接下来的研究分析。通常，在研究收入差距时，多数学术研究仅考虑了工资收入，而经营性收入、财产性收入（如租金）及转移支付性收入由于数据的可得性经常被忽略，而本书采用的 CMDS 数据则兼顾了这四类收入。由于本章需要根据劳动力的技能性质进行高低技能划分，在第五章的基础上，需要进行进一步的数据清洗。本书将劳动力的范围限定在 16 ～ 65 岁的非在校学生，再加上 CMDS 数据中统计的家庭总收入和总支出仅限本地的收入与支出，

---

① 2017 年 CMDS 数据中的住房性质大致包括单位/雇主房、租住私房、公租房、自购商品房、自购保障性住房、自购小产权住房、借助房、就业场所、自建房及其他非正规居所十类，其他年份在分类上有些细微调整。由于特征事实分析中使用的是分年度的截面回归，分类的细微调整不影响本书的分析。

需要进一步剔除无本地劳动力及家庭支出与收入数据缺漏的样本①。因此，历年 CMDS 数据中最终保留的有效样本量为：2017 年 167 829 户，2016 年 167 523 户，2015 年 204 226 户，2014 年 200 312 户，2013 年 196 506 户，2012 年 151 449 户，2011 年 126 975 户。

一、各省份家庭人均收入的变化趋势

首先，根据 CMDS 数据计算出各个省份平均的家庭人均收入。考虑地区之间的生活成本存在差异，有必要引入生活成本对名义的人均收入进行平减修正，保证人均收入在时间和地区之间的可比性。考虑数据的可得性，本节将使用两种方法：一是借鉴朱彤等（2012）、踪家峰和周亮（2015）的做法，计算出各省份的最低家庭支出作为各省份生活成本的替代变量，先将其从家庭总收入中扣除后，再计算各省份平均的人均家庭收入；二是直接使用各地区的 GDP 指数对各省份的人均家庭收入进行平减。接下来，将基于这两种平减方法，对各省份人均家庭收入水平的变化趋势进行归纳分析。

表 7-1 汇报了各省份家庭人均收入的标准差，这也正符合巴罗和萨拉伊马丁（Barro & Sala-i-Martin，1992）研究中对 σ 收敛的定义。可以看到，虽然标准差的数值有所波动，但总体上而言，各省份家庭人均收入水平的分散程度随着时间的推移呈现着扩散的趋势，因此，可以认为地区间的人均家庭收入差异呈现扩散的趋势。

---

① 由于 2012 年以前的收入与支出数据中均包括了由单位提供的包吃包住费用折算金额，而从 2013 年开始，对这一包吃包住费用的折算金额单独进行了统计，因而需要先将这部分的折算金额加入到收入与支出数据中，与 2012 年、2011 年的数据统一口径。接下来，考虑地区间收入与生活成本差异，先将历年的家庭总收入、支出数据按照省份分别进行左侧单边 1% 的 Winsorize 缩尾。

表 7-1　　　　　　　　2011~2017 年各省份家庭人均收入的标准差

指标	2011 年	2012 年	2013 年	2014 年	2015 年	2016 年	2017 年
lny_cost	0.190	0.191	0.182	0.216	0.237	0.256	0.247
lny_gdp	0.186	0.193	0.184	0.224	0.235	0.271	0.269

注：lny_cost 代表使用最低生活成本平减后的人均家庭收入的对数，lny_gdp 代表 GDP 平减后的人均家庭收入的对数。

接下来，借鉴鲍莫尔（Baumol，1986）的绝对 β 收敛模型，将原始定义中的 GDP 替换成各省家庭人均收入，如式 7-1 所示，进一步考察 2011~2017 年各省份人均家庭收入水平的扩散趋势。

$$\Delta \ln y_{it} = \alpha + \beta \ln y_{i0} + \varepsilon_{it} \qquad (7-1)$$

其中，$\Delta \ln y_{it}$ 代表各省家庭人均收入的年增长率，即为 2017 年各省的人均收入对数减去 2011 年各省的人均收入对数，再除以时间跨度 6 年；$\ln y_{i0}$ 则代表初始的家庭收入水平，即 2011 年各省的家庭人均收入对数；α 代表截距，β 即为收敛系数，ε_{it} 代表随机干扰项。表 7-2 汇报了绝对 β 收敛模型的回归结果。

表 7-2　　　　　　2011~2017 年各省家庭人均收入变化的 β 收敛回归结果

解释变量	$\Delta \ln y\_cost_{it}$	$\Delta \ln y\_gdp_{it}$
$\ln y_{2011}$	0.0136 （0.0223）	0.0368 （0.0229）
常数项	-0.0289 （0.1673）	-0.2826 （0.1705）
R^2	0.0127	0.0764

注：括号内为稳健标准误；***、**、* 分别表示在 1%、5%、10% 水平上显著。

根据表 7-2 的回归结果，无论是采用何种平减方法，各省份家庭人均收入的收敛系数均大于 0，这意味着 2011~2017 年地区收入差距呈现扩大的趋势，这与上面 σ 收敛以及其他相关文献的判定一致。

二、居住成本对于不同技能劳动力的异质化影响

本节将继续采用 CMDS 数据，检验第六章中阐述的居住成本对不同技能劳动力的异质化影响。首先，使用 CMDS 问卷中包含的"本地平均每月住房支出"与"本地平均每月总收入"数据，计算扣除居住成本之后的家庭收入水平。在此基础上来检验，不同技能劳动力的迁移回报率是否存在显著的差异。为了检验这一异质性，参考加农和肖格（Ganong & Shoag，2017）的方法，进行以下的回归：

$$Y_{ij} - H_{ij} = \alpha + \beta_{low} Y_j \times (1 - S_{ij}) + \beta_{high} Y_j \times S_{ij} + \gamma S_{ij} + \delta X_{ij} + \varepsilon_{ij} \qquad (7-2)$$

其中，下标 i 代表家庭，j 代表家庭的现居住省份，Y_{ij} 为各个家庭的每月总收入[①]，H_{ij} 代表各个家庭的每月住房支出[②]，因此被解释变量 $Y_{ij} - H_{ij}$ 代表各个家庭扣除居住成本后的收入水平。解释变量中，Y_j 代表各个省份的平均家庭收入水平，S_{ij} 代表家庭劳动力中高技能劳动力的数量占比，X_{ij} 代表其他控制变量，ε_{ij} 代表随机误差项。

式（7-2）实为一个家庭收入水平的决定方程，一个家庭的收入水平取决于现居住地的平均收入水平及家庭中劳动力的特征，如技能水平、性别、民族及流动时间等。但该等式的特殊之处在于，它将地区的平均收入水平对不同技能劳动力的收入水平的影响进行了分解。β_{low} 这一系数代表当流动人口现居住地的平均收入水平每增加 1 元时，家庭中低技能劳动力收入的增加额（扣除居住成本后），因而，β_{low} 可以理解为低技能劳动力在现居住地的迁移回报率。相应地，β_{high} 则可理解为高技能劳动力在现居住地的迁移回报率。图 7-1 绘制了 β_{low} 与 β_{high} 的分年度截面回归结果。

---

① 每月总收入包括就业单位的包吃包住费用折算金额。
② 每月住房支出也包括就业单位的包住费用折算金额。

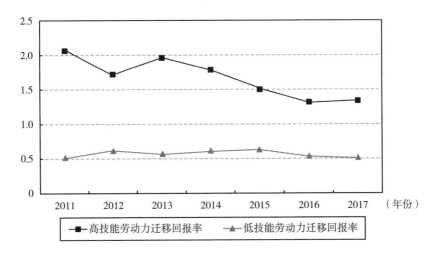

图 7 – 1　2011 ~ 2017 年高、低技能劳动力的迁移回报率差异

注：具体回归结果见表 7 – 3。

表 7 – 3　　　　　　　　按技能水平分解家庭收入的回归结果

解释变量	2011 年	2012 年	2013 年	2014 年	2015 年	2016 年	2017 年
β_{high}	2. 0669 *** (0. 0865)	1. 7124 *** (0. 1461)	1. 9651 *** (0. 1979)	1. 7785 *** (0. 1762)	1. 5082 *** (0. 1555)	1. 3104 *** (0. 1066)	1. 3315 *** (0. 0549)
β_{low}	0. 5055 *** (0. 1228)	0. 6118 *** (0. 1171)	0. 5565 *** (0. 1054)	0. 6061 *** (0. 1302)	0. 6269 *** (0. 1029)	0. 5257 *** (0. 1057)	0. 5100 *** (0. 1179)
控制变量	是	是	是	是	是	是	是
样本容量	126 975	151 449	196 506	200 312	204 226	167 523	167 829
R^2	0. 0891	0. 0934	0. 1191	0. 0358	0. 0543	0. 0322	0. 1729

注：括号内为省份层面的聚类稳健标准误；***、**、* 分别表示在 1%、5%、10% 水平上显著。

　　由于难以直接测度劳动力的技能水平，参照相关文献的一贯做法（踪家峰和周亮，2015），本书采用受教育程度作为劳动力技能水平的代理变量。由于在中国大专是划分高等教育与中等教育的临界点，本书将受教育程度为大专及以上的劳动力划为高技能劳动力，受教育程度为大专以下的劳动力则为低技能劳动力。其他控制变量 X_{ij} 还包括家庭规模、住房性质、劳动力的年龄及其平方项、性别、民族以及流动时间。

值得注意的是，被解释变量为家庭层面的数据，而本地劳动力的特征却是个人层面的数据，因此需要经过简单的处理转化为家庭层面的数据。在劳动力的技能水平、性别、民族三个变量上，均采用比例的形式，如家庭劳动力中高技能劳动力的占比（即 S_{ij}）、家庭劳动力中男性的占比、家庭劳动力中汉族的占比。而在年龄与流动时间两个指标上，则采用取平均值的形式，即家庭劳动力的平均年龄和平均流动时间。此外，由于问卷中家庭收入与住房支出仅统计了本地的部分，因此以上变量只考虑家庭中居住在本地的劳动力特征，不考虑在外地或者户籍地居住的劳动力特征。

如图 7-1 所示，虽然高技能劳动力的迁移回报率 β_{high} 呈现下降的趋势，但仍然维持在低技能劳动力迁移回报率 β_{low} 的 2 倍以上。并且 β_{high} 的数值均超过了 1，最低为 1.3104，这意味着，当高技能劳动力从低收入地区流入高收入地区时，高收入地区的平均收入水平每增加 1 元，高技能劳动力的收入平均会增加 1.3104 元，因此即使在考虑了不断上涨的居住成本之后，高技能劳动力的迁移回报率仍十分可观，这一现象也侧面验证了高技能劳动力的聚集存在人力资本外溢性，高技能劳动力的规模报酬递增。相反，低技能劳动力的迁移回报率 β_{low} 一直维持在 0.5 上下，这意味着当低技能劳动力从低收入地区流入高收入地区，高收入地区的收入水平每增加 1 元，低技能劳动力的收入只会增加 0.5 元。这是由于低技能劳动力的住房支出占其总收入的比重较大，高额的居住成本会侵蚀低技能劳动力外出打工的大部分收益。因此，考虑居住成本对于劳动力迁移回报率的异质化影响，劳动力的迁移决策也可能会随之改变，接下来将就这一问题进一步分析探讨。

三、各省份技能结构的变化趋势

前面已经发现，居住成本对于低技能劳动力迁移回报率的侵蚀远远高于高技能劳动力，在这一结论下，劳动力的迁移决策可能会出现分化。对于高技能劳动力而言，不断上涨的居住成本虽然会降低他们的迁移回报率，但是由于高技能劳动力的人力资本外溢性与集聚效应，迁移回报率仍然十分可观，高技能劳动力依然有足够的动力从低收入地区迁移到高收入地区。而对于低技能劳动力而言，居住成本会侵蚀近一半的迁移回报率，低技能劳动力的迁移动机减弱。因此，可能的结果是，高技能劳动力继续流入高收入地区，但低技能劳动力向高收入地区的迁移率下降，甚至被挤出高收入地区。这一现象在学术上被称为"技能分类（skill sorting）"，居住成本具有筛选劳动力的作用。

但是，目前中国并没有对劳动力迁移率的宏观统计，更不用提区分技能水平的劳动力迁移率分类统计。由于 CMDS 数据库采用的是分层抽样调查，也无法推算出各省份劳动力的实际迁移率，只能使用各省份的技能结构水平（即高技能劳动力数量与低技能劳动力数量的比值）来作为替代变量。本书将本地劳动力中具有至少一个高技能劳动者的家庭定义为高技能家庭，本地劳动力都是低技能劳动者的家庭定义为低技能家庭，之后再使用样本权重进行调整[1]，推算出各省份的技能结构水平。图 7-2 绘制了 2011 年与 2017 年各省份技能结构与家庭人均收入对数的关系。

如图 7-2 所示，各省份的技能结构与家庭人均收入水平成正比，且家庭人均收入无论是采用生活成本平减还是 GDP 平减，其系数在 2011～2017 年上涨幅度均超过了 70%。这意味着，高技能劳动力在高收入地区聚集，低技能劳动力在低收入地区聚集，劳动力的迁移行为出现了分化，并且这一迁移行为的分化还呈现固化的趋势，造成地区间技能结构差异不断扩大。

---

[1] 关于样本权重的说明参见第五章。

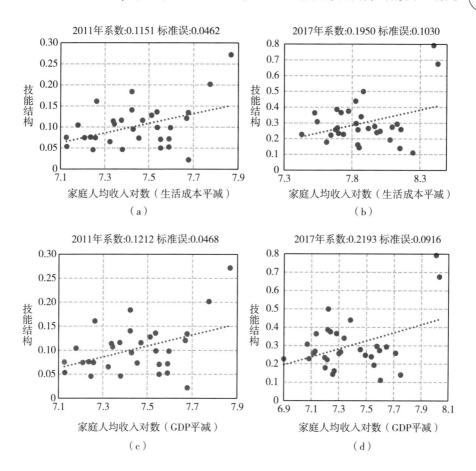

图 7 - 2 2011 年与 2017 年各省份技能结构 vs. 家庭人均收入对数

采用前面研究各省份家庭人均收入变化趋势一样的方法，应用 σ 收敛和 β 收敛进一步检验各省份劳动力迁移行为的分化和固化。表 7 - 4 汇报了 2011 ~ 2017 年各省份技能结构的标准差，可以看到各省份技能结构的分散程度随着时间的推移呈现着扩散的趋势，因此，地区间技能水平的差异在不断扩大。

表 7 - 4　　　　　　　　2011 ~ 2017 年各省份技能结构的标准差

变量	2011 年	2012 年	2013 年	2014 年	2015 年	2016 年	2017 年
H/L	0.0521	0.0596	0.0640	0.101	0.100	0.145	0.145

注：H/L 代表了各省份的技能结构，即地区高技能与低技能劳动力的人数之比。

表7-5汇报了各省份技能结构变化的绝对 β 收敛模型的回归结果。结果表明，技能结构的收敛系数显著为正，代表各省份劳动力的技能结构呈现发散的趋势，这与图7-2和 σ 收敛的判定一致。这意味着，地区间人力资本水平差距在不断扩大。

表7-5　　　2011~2017年各省技能结构变化的 β 收敛回归结果

解释变量	$\Delta H/L_{it}$
H/L_{2011}	0.2385 ***
	(0.0455)
常数项	0.0086 *
	(0.0043)
R^2	0.5258

注：括号内为稳健标准误；*** 、** 、* 分别表示在1%、5%、10%水平上显著。

四、特征事实小结

基于上述流动人口微观数据的分析，可以总结出以下三个特征事实。

事实1：2011~2017年，各地区家庭人均收入水平确实存在差异，并且这一差异在不断扩大。事实2：居住成本会侵蚀低收入劳动力的大部分迁移回报，但对高收入的迁移回报影响较小。事实3：随着地区间劳动力的不断流动，高收入地区会不断吸引高技能劳动力的流入，但相对而言，低技能劳动力的流入速度会减缓，最终导致地区间技能结构的差异不断扩大。

事实2和事实3验证了居住成本导致地区技能结构差异扩大的机制。居住成本对劳动力的迁移回报存在异质化的影响，高收入地区高额的居住成本会显著减少低技能劳动力的迁移回报率，但对高技能劳动力的影响较小。因为，高技能劳动力继续从低收入地区流向高收入地区，而低技能劳动力的迁移动力则在减弱。随着时间的积累，高技能劳动力在高收入地区不断聚集，低技能劳动力则在低收入地区聚集，最终导致地区间技能结构差距呈现发散的趋势，这也意味着地区间人力资本水平差距在不断扩大。

结合第六章的理论分析，初步推断高收入地区不断上涨的居住成本所导致的地区间人力资本差异的扩大，可能是造成地区间收入差距扩大的主要原因，故接下来将结合宏观数据，对这一机制进行验证。

第三节 基于省级面板数据的实证分析

在检验是否是高收入地区居住成本导致地区间人力资本差距不断扩大并最终造成地区收入差距扩大之前，还需先排除地区间人力资本差距不断扩大是由于地区间公共服务供给水平差异造成的。

一、公共服务地区差异与人力资本差距的协整分析

首先，本书采用1997～2018年我国地区间人均公共服务水平差距与技能结构差距的数据进行协整分析，初步判断一下地区公共服务差异（$skill\_cv_t$）与人力资本差异（$skill\_cv_t$）的长期均衡关系。本书使用变异系数来衡量上述两个变量的地区差距，计算公式如下：

$$CV = \frac{1}{\bar{x}} \sqrt[2]{\frac{1}{N} \sum_{i=1}^{N} (x_i - \bar{x})} \tag{7-3}$$

其中，x_i 代表各地区的人均公共服务水平与技能结构，$\bar{x}$ 代表全国的平均水平，N 代表地区的数量。为了考察地区公共服务差异与人力资本差异之间的关系，可通过建立误差修正模型来分析两者之间的长期均衡规律和短期动态调整关系。

其次，对上述两个变量进行单位根检验，结果如表7-6所示，两个变量的水平序列均不能拒绝单位根的原假设，而一阶差分后的两个序列

均可拒绝单位根假设。因此 $skill\_cv_t$ 与 $exppc\_cv_t$ 均为非平稳序列，但它们又都是一阶单整的，因此两个变量的某种线性组合可能是平稳，即可能存在协整关系。

表 7 - 6 单位根 ADF 检验结果

变量	水平检验结果		一阶差分检验结果		临界值	
	ADF 值	P 值	ADF 值	P 值	1% 临界值	5% 临界值
$skill\_cv_t$	− 2.439	0.1309	− 5.015	0.0000	− 3.750	− 3.000
$exppc\_cv_t$	− 0.963	0.7664	− 3.961	0.0016	− 3.750	− 3.000

最后，检验两个变量之间是否存在协整关系。先要确定一个合理的滞后阶数，检验结果如表 7 - 7 所示。不同检验准则的结果存在差异，根据 FPE 与 SBIC 准则，最佳滞后阶数为 1 阶，而根据 LR、AIC、HQIC 准则，最佳滞后阶数为 4 阶。保守起见，本书选择的滞后阶数为 4 阶。在此基础上，还需进一步确定协整关系的个数，结果如表 7 - 8 所示，迹检验与最大特征值检验都表明两个变量之间存在唯一的协整关系。

表 7 - 7 确定最佳滞后阶数

lag	LL	LR	FPE	AIC	HQIC	SBIC
0	28.2849	—	0.000185	− 2.92055	− 2.90691	− 2.82162
1	53.7327	50.896	0.000017*	− 5.30363	− 5.26271	− 5.00684*
2	57.8356	8.2058	0.000017	− 5.31507	− 5.24686	− 4.82042
3	59.2106	2.7499	0.000025	− 5.0234	− 4.92791	− 4.33089
4	66.9088	15.396*	0.000018	− 5.43431*	− 5.31154*	− 4.54394

注：*代表在 5% 水平上显著。

表 7 - 8 Johansen 协整检验

H_0	特征根	Trace 统计量	5% 临界值	max 统计量	5% 临界值
$r = 0$	—	26.989	15.41	23.9083	14.07
$r \leqslant 1$	0.73506	3.0807*	3.76	3.0807*	3.76
$r \leqslant 2$	0.1573	—	—	—	—

注：*代表在 5% 水平上显著。

在确定了 $skill\_cv_t$ 与 $exppc\_cv_t$ 之间存在唯一的协整关系后，即可通过误差修正模型估计出两者之间的长期均衡关系，经反复尝试，两个变量的长期均衡关系，即标准化的协整方程为[1]：

$$skill\_cv_t = 1.0889 - 0.4284 \times exppc\_cv_t \tag{7-4}$$

因此，从长期来看，地区间人均公共服务支出的差距缩小时，地区间人力资本差距却在扩大，这意味着基本公共服务的均等化并未能起到有效促进劳动力合理流动、缩小地区差距的作用，地区间人力资本差距不断扩大并非是由于地区公共服务差异所造成的。从而引出接下来的研究，接着将检验土地政策和户籍管制对公共服务资本化机制的强化作用，在基本公共服务均等化的背景下，这两项政策会导致高收入地区的居住成本不断上涨，从而造成地区间人力资本差距不断扩大，最终导致地区间收入差距不断扩大。

二、土地政策和户籍管制强化公共服务的房价资本化机制

根据第六章的机制分析，本书认为，高收入地区居住成本不断上涨的原因在于，相对于低收入地区，高收入地区的公共服务支出水平更高，且会部分资本化到房价之中，而高收入地区不断收缩的土地供应政策及较强的户籍管制力度会不断强化公共服务的资本化效应，从而进一步推高高收入地区的居住成本。

参照汤玉刚等（2015）的研究，接下来将基于特征价格模型，对这一公共服务资本化机制进行实证研究。首先，建立如下计量模型：

$$\ln p_{it} = \alpha + \beta_1 \ln p_{i,t-1} + \beta_2 \ln y_{it} + \beta_3 \ln EXPSER_{it} + \beta_4 \ln EXPSER_{it}$$
$$\times land_{it} + \beta_5 \ln EXPSER_{it} \times Res\_ctrl_{it} + \beta_6 X_{it} + \mu_i + \varepsilon_{ij} \tag{7-5}$$

---

[1]　由于本书主要关注的是两个变量之间的长期均衡关系，因此没有汇报完整的误差修正模型结果，不对短期动态调整过程进行展开分析。

其中，下标 i 代表省份，t 代表年份，被解释变量中 p_{it} 代表各省份的住房平均销售价格。解释变量中，还加入了房价的滞后一期 $p_{i,t-1}$，y_{it} 为各省份家庭人均收入水平，$EXPSER_{it}$ 代表各省份的公共服务支出水平，$land_{it}$ 表示各省的土地供应情况，Res_ctrl_{it} 为各省的户籍管制强度，X_{it} 代表其他控制变量，μ_i 表示不随时间而变的个体效应，ε_{ij} 为随机干扰项。

由于各省份的家庭人均收入水平可以根据 CMDS 数据计算得到，因而对式（7-5）进行回归的省份面板数据也仅限于 2011~2017 年。本书所关注的核心解释变量为各省份的公共服务水平及其与土地供应情况、户籍管制强度的相互项。与前面的实证分析保持一致，公共服务支出包括教育支出、科学技术支出、文化体育与传媒支出及医疗卫生支出，并控制人口规模的影响，使用人均公共服务支出。由于存在公共服务资本化的机制，预计人均公共服务越高的地区，房价也越高。

此外，根据《中华人民共和国城市房地产管理法》的规定①，房地产开发商需要以出让土地的方式获得土地的使用权，同时，该法令还规定了每年出让土地使用权的总面积需要省级以上政府下达年度指标。因此，使用人均新增土地出让面积来代表土地的供应情况，数值越小，意味着土地供应政策在收紧。根据第六章的机制分析，东部地区的土地供应政策的收紧会强化公共服务资本化机制，从而推高该地区的房价。因此，预期公共服务水平与土地供应政策的交互项的系数为负。

借鉴李拓等（2016）的指标设置，本书采用常住人口数与户籍人口数的差额占常住人口数的比重来衡量各地区户籍管制的强度，数值越大，意味着落户门槛越高、户籍管制越强。根据第六章的机制分析，户籍管制越强的地区，为了获得当地的公共服务，流动人口的购房落户需求更强，从而进一步强化公共服务资本化机制，推高当地的房价。因此，预

---

① 《全国人大常委会关于修改〈中华人民共和国城市房地产管理法〉的决定》，中央人民政府门户网站，http://www.gov.cn/flfg/2007-08/30/content_732595.htm。

计公共服务水平与户籍管制强度的交互项系数为正。

除此之外，还选取了各省份家庭人均收入水平、人口密度、房价的滞后一期作为控制变量。各变量的含义及数据来源参见表7－9，描述性统计分析见表7－10。

表7－9　　　　　　　　　　　　变量的定义

变量名称	变量符号	变量含义
房价	ln*p*	住宅销售额（万元）/销售面积（万平方米）
公共服务水平	ln*EXPSER*	各省人均公共服务支出（元/人）
土地供应情况	*land*	新增土地出让面积（万平方米）/常住人口数（万人）
户籍管制强度	*Res_ctrl*	（常住人口数－户籍人口数）/常住人口数（万人）
家庭人均收入	ln*y*	家庭每月总收入（元）/家庭规模（人）
人口密度	*DENS*	常住人口（万人）/各省土地面积（万平方米）

注：（1）公共服务支出包括：教育支出、科学技术支出、文化体育与传媒支出以及医疗卫生支出；（2）房价和公共服务水平均进行了去通胀处理（基期＝2010），各省份的家庭人均收入水平采用了各省的最低生活成本进行平减；（3）ln 代表该变量取对数形式。

资料来源：公共服务支出数据来源于历年《财政统计年鉴》，新增土地出让面积来历年《中国国土资源年鉴》，家庭人均收入数据根据 CMDS 数据计算，其他数据均来源于历年《中国统计年鉴》。

表7－10　　　　　　　　　　　变量的描述性统计结果

变量	观测数	均值	标准差	最小值	最大值
ln*p*	217	8.522	0.459	7.917	10.25
ln*EXPSER*	217	7.759	0.404	6.856	8.837
Res_ctrl	217	0.0106	0.141	－0.253	0.407
land	217	2.468	1.539	0.269	8.928
ln*y*	217	7.688	0.258	7.127	8.433
DENS	217	447.5	686.3	2.467	3 800

考虑到房价的"时间惯性"，解释变量中还包括了被解释变量房价的滞后一期，故式（7－5）的计量模型为动态面板模型。处理动态面板的主要方法有两种——差分 GMM 和系统 GMM。考虑系统 GMM 的假设更为严苛，该方法对于房价数据的适用性存疑（汤玉刚等，2015），本书使用差分 GMM 进行估计。另外，受限于 CMDS 数据，本书使用的面板数据跨

度仅为 7 年，故回归时限制使用房价的三个高阶滞后项作为工具变量，以避免过多的数据损失（本书仅损失两期数据），因此，实际的样本容量为 $31 \times (7-2) = 155$。再者，考虑家庭人均收入水平和公共服务支出与房价之间可能存在因果关系，为了解决这一内生性问题，将这两个变量设定为前定变量，同样限定使用三个高阶滞后项作为工具变量。

表 7-11 汇报了公共服务资本化的差分 GMM 估计结果。本书最为关心的变量是公共服务及其与土地供应和户籍管制强度的交互项。具体来看，人均公共服务支出 $\ln EXPSER$ 的系数显著为正，代表公共服务支出水平越高的地区，房价也越高，这意味着公共服务对房价的确存在着显著的资本化效应。在土地供应方面，其与公共服务支出的交互项 $\ln EXPSER \times land$ 的系数显著为负，这意味着，土地供应政策的收紧导致地区人均土地出让面积的下降，会进一步强化公共服务资本化效应，推高地区的房价。在户籍管制方面，公共服务与户籍管制强度的交互项 $\ln EXPSER \times Res\_ctrl$ 的系数显著为正，这意味着户籍管制力度越强，公共服务资本化的效应也越强，并进一步推高房价。以上结论均符合理论预期，结合第六章的分析，可以断定，在公共服务资本化机制下，公共服务支出水平越高，房价也会随之上涨，而东部发达地区土地供应政策的收紧和户籍管制力度的加强还会进一步强化公共服务的资本化效应，从而进一步推高东部发达地区的房价。

表 7-11　　　　　　　　公共服务资本化的回归结果

解释变量	（1）	（2）
$\ln p_{i,t-1}$	0.4524 ** （0.1926）	0.4272 ** （0.1947）
$\ln EXPSER$	0.2439 *** （0.1075）	0.4012 *** （0.1102）
$\ln EXPSER \times land$	-0.0363 （0.0242）	-0.0469 * （0.0247）

解释变量	（1）	（2）
ln*EXPSER* × *Res_ctrl*	0.8037 ** （0.3144）	1.1721 ** （0.4356）
ln*y*	0.2232 ** （0.0898）	0.2270 * （0.1156）
其他控制变量	否	是
样本容量	155	155
AR（1）	0.0044	0.0077
AR（2）	0.2942	0.3348
Hansen	0.9999	0.9914

注：括号内为聚类稳健标准误；*** 、** 、* 分别表示在1%、5%、10%水平上显著。

回归结果还显示，房价的一阶滞后项显著为正，这意味着房价的确存在"时间惯性"，当期房价受上期房价的正向影响十分显著，存在较大的刚性。控制变量家庭人均收入水平 ln*y* 的系数也显著为正，这代表高收入的地区的房价显著高于低收入地区，以上结果都与理论预期一致。

差分 GMM 的假设前提之一是扰动项不存在自相关，表7 – 11 汇报了一阶自相关与二阶自相关检验的 p 值。由于使用了差分方程，必然存在一阶自相关，AR（1）拒绝了"扰动项不存在自相关"的原假设，但 AR（2）无法拒绝原假设，故认为不存在二阶自相关。另外，表7 – 11 最后一行还汇报了 Hansen 过度识别检验的结果，根据 p 值接受"所有工具变量都是外生"的原假设，故判断工具变量都是有效的。

三、土地政策和户籍管制阻碍地区收入差距缩小的传导机制

前面的理论与实证分析已证实，土地供应政策的收紧和户籍管制会强化公共服务的房价资本化机制，从而推高当地的居住成本。下面将进

一步检验这两个制度因素对于地区间收入差距缩小存在多大的阻碍作用。借鉴加农和肖格（Ganong & Shoag，2017）、陈勇和柏喆（2018）的方法，本书接下来将运用式（7 - 6）进行回归，检验上述两大制度因素阻碍地区收入差距缩小的传导机制。

$$Y_{it} = \alpha + \beta_1 land_{it} + \beta_2 Res_{ctrl\,it} + \gamma_0 \ln y_{it} + \gamma_1 \ln y_{it} \times land_{it}$$
$$+ \gamma_2 \ln y_{it} \times Res\_ ctrl_{it} + \mu_i + \varepsilon_{ij} \qquad (7 - 6)$$

其中，下标 i 代表省份，t 代表年份，Y_{it} 为被解释变量，包括各省份的房价 $\ln p_{it}$、技能结构水平 H/L_{it} 与家庭人均收入年增长率 $\Delta \ln y_{it}$。解释变量中，y_{it} 为各省份家庭人均收入水平，$land_{it}$ 为各省份的土地供应情况，Res_ctrl_{it} 为各省份的户籍管制强度，μ_i 表示不随时间而变的个体效应，ε_{ij} 为随机干扰项。系数 γ_0 则代表了在控制了土地供应政策以及户籍管制强度这两个制度障碍以后，各地区收入水平与其房价、技能结构、收入增长率的关系。

表 7 - 12 汇报了传导机制的分析结果，前 4 列汇报了地区收入水平与房价、技能结构的固定效应和随机效应回归结果。Hausman 检验结果显示均无法拒绝原假设，故两个回归都应采用随机效应模型。第 2 列的结果显示，地区收入水平与房价显著正相关，家庭人均收入每增加 1%，房价会随之上涨 0.4%。此外，户籍管制越严，高收入地区的房价上涨越快，该系数翻了 2 倍①。而随着人均土地出让面积的增加，收入水平与房价的回归系数又会下降 0.1%，但这要反过来理解，因为人均土地出让面积越多意味着土地供应越多。这意味着，高收入地区土地供应政策的紧缩，会进一步抬高房价，以上结论均于理论预期一致。综上所述，随着高收入地区土地供应政策的紧缩和户籍管制的增强，高收入地区的房价会显著高于低收入地区。

---

① 0.3711 + 0.8031 = 1.1742。

表 7 - 12　　　土地政策和户籍管制阻碍地区收入差距缩小的传导机制分析结果

被解释变量	$\ln p_{it}$		H/L_{it}		$\Delta \ln y_{it}$
	(1)	(2)	(3)	(4)	(5)
lny	0.2300 ** (0.0993)	0.3711 *** (0.1088)	0.1691 ** (0.0770)	0.1340 * (0.0723)	-0.0113 (0.0251)
lny × land	-0.1075 *** (0.0286)	-0.1048 *** (0.0308)	-0.0373 (0.0242)	-0.0340 (0.0213)	-0.0011 ** (0.0004)
lny × Res_ctrl	0.9212 *** (0.2436)	0.8031 *** (0.2341)	0.5633 * (0.2859)	0.6732 *** (0.2610)	0.2078 ** (0.1008)
其他控制变量	是	是	是	是	是
时间效应	是	是	是	是	—
N	217	217	217	217	31
R^2	0.7353	0.7158	0.7993	0.7963	0.3503
备注	FE	RE	FE	RE	OLS

注：括号内为稳健标准误；*** 、** 、* 分别表示在1%、5%、10% 水平上显著；Hausman 检验均无法拒绝原假设，故采用随机效应模型；其他控制变量为 land 和 Res_ctrl。

第 4 列的结果显示，地区收入水平与技能结构同样存在显著的正相关关系，家庭人均收入每增加 1%，高技能与低技能劳动力的数量比值会增加 0.1%，技能结构升级。此外，户籍管制越严，高收入地区的技能结构升级更快，该回归系数翻了 5 倍[①]；而随着人均土地出让面积的增加，收入水平与土地政策的交互项回归系数为负数[②]，这意味着若高收入地区的土地供应紧缩，会进一步促进高收入地区的技能结构升级，以上结果也符合理论预期。因此，在高收入地区土地政策收紧和严格的户籍管制背景下，技能结构水平会随着地区收入水平的增加而上涨，这意味着，地区间人力资本差异不断扩大。

第 5 列的回归为控制了土地政策和户籍管制两大制度因素的相对 β 收敛模型。回归结果显示，地区收入的 β 收敛系数为负数（尽管不显著），这意味如果剔除土地管制和户籍管制两大制度的影响，地区间收入差距

———————————

① 　0.1340 + 0.6732 = 0.8072。

② 　尽管系数不显著，但是符号与理论预期一致。

可能会呈现相对收敛的趋势。户籍管制强度与地区收入水平的交互项 $\ln y \times Res\_ctrl$ 的系数显著为正，这代表高收入地区高强度的户籍管制会阻碍地区间收入差距缩小。另外，土地供应与地区收入水平的交互项 $\ln y \times land$ 的系数要反过来理解，人均土地出让面积越大意味着土地政策的管制强度越小。因此，显著为负的回归系数代表高收入地区的土地管制也会阻碍地区间收入差距缩小。综上所述，由于高收入地区的土地政策不断收紧和严格的户籍管制，导致加总后的收敛系数最终为正[①]，代表上述两大制度会阻碍地区间收入差距的缩小，造成地区收入差距的不断扩大。

在稳健性检验方面，前面已略有提及，各省平均家庭人均收入水平还可以直接使用各地区的 GDP 指数进行平减，记为 $\ln y\_gdp$。同时，可以用住房供给价格弹性 Hou_ela 来衡量各省的土地政策管控强度。稳健性检验结果如表 7 – 13 所示，回归结果与基准回归模型（见表 7 – 11）基本一致。

表 7 – 13　　　　土地政策和户籍管制阻碍地区收入差距缩小的
传导机制分析结果：稳健性检验

被解释变量	$\ln p_{it}$		H/L_{it}		$\Delta \ln y_{it}$
	（1）	（2）	（3）	（4）	（5）
$\ln y\_gdp$	0.5621 ** (0.2275)	0.5409 *** (0.2017)	0.1442 ** (0.0675)	0.1217 * (0.0638)	– 0.0228 (0.0245)
$\ln y\_gdp \times$ Hou_ela	– 0.1979 *** (0.0834)	– 0.1540 * (0.0795)	– 0.0558 (0.1089)	– 0.0740 (0.1173)	– 0.0026 ** (0.0009)
$\ln y\_gdp \times$ Res_ctrl	0.0929 *** (0.0680)	0.2053 *** (0.0510)	0.3761 *** (0.1210)	0.3804 *** (0.1205)	0.2609 ** (0.0897)
其他控制变量	是	是	是	是	是
时间效应	是	是	是	是	—
N	217	217	217	217	31
R^2	0.6870	0.6785	0.8030	0.8006	0.3365
备注	FE	RE	FE	RE	OLS

注：括号内为稳健标准误；*** 、 ** 、 * 分别表示在 1% 、5% 、10% 水平上显著；Hausman 检验均无法拒绝原假设，故采用随机效应模型；住房供给价格弹性 Hou_ela 为历年各省的房价对各省施工面积的回归系数；其他控制变量为 $land$ 和 Res_ctrl。

---

① 　 $-0.0113 + 0.0011 + 0.2078 = 0.1976$。

第四节　小结

本章继续利用2011～2017年的CMDS数据与31个省份的面板数据，深入研究了在基本公共服务均等化的背景下，高收入地区的土地供应政策收紧与较强的户籍管制强度是如何通过房价造成异质化的劳动力流动行为，改变地区的技能结构，最终导致地区间收入差距的扩大。

结合基于微观数据的特征事实分析及宏观层面的实证分析，地区间收入差距扩大的机制可概括为：（1）尽管地区间基本公共服务供给水平差异在不断缩小，但高收入地区不断收紧的土地供应政策及严格的户籍管制会强化当地的公共服务资本化效应，从而推动高收入地区的房价不断上涨；（2）高收入地区的房价上涨对劳动力的迁移回报率存在异质化的影响，对低技能劳动力而言，高额的居住成本会侵蚀低技能劳动力绝大部分的迁移回报率，但对于拥有高收入水平的高技能劳动力而言，在扣除高额的居住成本以后，他们的迁移回报率仍然十分可观；（3）高技能劳动力仍会不断地流入高收入地区，但低技能劳动力的迁移率则会降低，从而导致地区间技能结构差异不断扩大，这意味着地区间的人力资本差异将不断扩大；（4）再叠加上集聚效应，最终导致地区间收入差距的不断扩大。以上经验研究结论与第六章的理论预期一致。

第八章

结论、政策建议与研究展望

第一节　研究结论

中国式分权重塑了地方政府"为增长而竞争"的激励机制，造就了地方政府的增长型导向，为我国经济增长带来斐然成绩的同时，也面临严峻的挑战。在历经30多年的高速增长之后，中国经济已全面步入新常态的新阶段，我国社会主要矛盾已经转化为人民日益增长的美好生活需要和不平衡不充分的发展之间的矛盾，经济发展面临着一系列新的难题。本书所研究的公共服务供给相对不足与地区间收入差距不断扩大的问题都是这一矛盾的不同表现形式，只有逐一破解这些难题，才能实现我国经济的可持续发展与社会的和谐稳定。

在此背景下，本书以劳动力流动为切入点，研究现行财政体制在有效提供公共服务和缩小地区差距方面所面临的主要问题，并完成了以下两个研究任务：一是针对公共服务供给相对不足的问题，在户籍制度深化改革的背景下，论证了居民的公共服务需求偏好表达机制已逐渐畅通，劳动力的自由流动将有助于地方政府改善财政支出结构，提高地方的公共服务供给水平。二是针对基本公共服务均等化背景下地区收入差距不断扩大的问题，本书还进一步探讨了阻碍地区间收入差距缩小的体制障碍并提出了相应的政策建议。本书的主要研究结论如下。

1. 居民的公共服务需求偏好表露机制已逐渐畅通，并通过劳动力对经济增长的促进作用形成了地方政府新的竞争机制——为人才而竞争。在这一新的竞争机制下，地方政府不得不回应居民的公共服务需求，改善财政支出结构，提高地方的公共服务供给水平。过去，学术上主要从中国式分权释放了地方政府对于经济增长及资本竞争的热情这一角度探讨了财政支出结构"重基本建设、轻人力资本投资和公共服务"的现象（傅勇和张晏，2007），但对于地方公共服务竞争机制的研究略显不足。因此，本书第四章构建了一个财政支出竞争的理论模型，考察了在放松劳动力流动假设后，地方公共服务竞争机制在增长型地方政府假设下的作用路径。

研究发现，即使不改变我国地方政府的增长导向，居民的公共服务需求偏好表露机制仍然能发挥作用，但其作用路径有别于传统的财政分权理论，是通过劳动力对经济增长的促进作用，从而形成了地方政府新的竞争机制——为人才而竞争。地方政府通过加大辖区内公共服务支出，吸引劳动力特别是高质量劳动力的流入，从而实现当地经济的高质量发展。而当地方政府提供的公共服务与居民的需求不相匹配时，劳动力则会流出，并降低当地资本的边际生产率，削弱资本的增长效应，导致地方经济增速下滑。因此，为了实现当地经济的高质量发展、不断吸引劳动力的流入，地方政府不得不回应居民的公共服务需求，改善财政支出结构，提高地方的公共服务供给水平。

但根据理论推导，地方政府"为人才而竞争"的公共服务竞争机制发挥作用的前提条件是，居民的公共服务与私人消费的相对偏好要足够强，因此，本书的第五章通过实证分析验证了这一机制对财政支出结构的影响。首先采用 2011～2017 年的 CMDS 数据并匹配全国各省份的特征数据，通过研究离散选择问题的条件 Logit 模型估算了流动人口的公共服务相对偏好，发现流动人口对公共服务的需求呈现逐年上涨的趋势，并在此基础上，结合 2011～2017 年的省级面板数据，通过门槛模型验证了劳动力流动与财政支出结构的非线性关系。研究发现，当流动人口对公共服务的需求偏好不足时，地方政府缺乏提供公共服务的有效激励；当流动人口对公共服务的需求偏好足够强时，公共服务竞争机制就能发挥作用，倒逼地方政府充分考虑居民的公共服务诉求，提高公共服务支出水平。

实证结果还表明，居民的公共服务需求偏好受到两方面的影响：一是随着经济发展水平的不断提高，人民对美好生活的需求日益增长，因而居民自身对公共服务的需求也会不断增强；二是在中央提出要全面推行居住证制度以来，随着户籍制度与公共服务权益的逐渐松绑，居民特别是流动人口对公共服务的需求表达机制才得以畅通，这意味着地方政府对流动人口与本地居民一视同仁将有助于公共服务竞争机制的发挥。

2. 结合新经济地理学的研究范式，探讨了基本公共服务均等化和劳动力流动未能缩小地区间收入差距的原因，并发现了两大政策与体制障碍，即偏向中西部地区的土地供应政策和户籍制度改革的"放小抓大"。尽管我国中央政府实施了一系列区域均衡发展战略并不断破除人口流动的体制壁垒，规模庞大的人口流动与基本公共服务均等化未能产生新古典经济理论所预期的地区间收入差距收敛机制。因此，承接之前的研究，本书结合公共服务支出、房价、劳动力流动等因素，进一步探讨了导致地区间收入差距扩大的制度障碍。

通过第六章的机制分析发现，尽管地区间基本公共服务供给水平差异在不断缩小，但偏向中西部地区的土地供应政策与户籍制度改革的"放小抓大"会强化发达地区的公共服务资本化机制，造成发达地区的公共服务更多地资本化到房价中，从而推动发达地区的房价不断上涨。而高涨的房价对于劳动力的流动存在异质化的影响，居住成本的上涨会更多地侵蚀低技能劳动力的迁移回报率，导致低技能劳动力的迁移率下降，造成劳动力流动行为的分化。一方面，高技能劳动力继续向发达地区流动，并在集聚效应的共同作用下，提高发达地区的整体生产效率，带动发达地区整体收入水平的提升；另一方面，低技能劳动力的迁移率下降，会削弱低技能劳动力的人力资本融合机制，造成地区间人力资本差异不断扩大，导致低技能劳动力延缓地区收入差距扩大的机制无法有效发挥作用。两方面的作用下，最终地区间收入差距不断扩大。本书的第七章，结合 2011～2017 年的 CMDS 数据与省级面板数据，通过特征事实分析与实证研究验证了上述两大制度阻碍地区间收入差距缩小的传导机制。

第二节　政策建议

尽管中央层面一再倡导地方政府要转变工作职能，呼吁地方政府在大力发展经济的同时还需注重经济发展的质量、协调好当地经济发展与民生幸福的关系，但地方政府大力发展经济建设的热情从未减退，公共服务供给相对不足与区域不平衡的问题仍然不断凸显。因此，想要彻底转变地方政府的竞争行为、缩小地区间收入差距，势必要从激励机制上做出调整，基于本书的研究结论，提出以下三个方面的政策建议。

一、破除户籍制度的公共服务歧视性，增强地方公共服务竞争机制

在公共服务供给方面相对不足，本书的第四章和第五章的研究表明，

造成我国财政支出结构"重基本建设、轻人力资本投资和公共服务"的根本原因之一在于地方公共服务竞争机制的不健全。要让该机制发挥作用的前提条件是，居民特别是流动人口对公共服务的需求表达机制要畅通，而该需求表达机制是否畅通受到户籍制度的约束。根据条件 Logit 回归的结果，2014 年以后人均公共服务支出的系数由负数转为正数，这一时点恰巧与国务院提出要全面推行居住证制度，剥离捆绑在户籍上的公共服务权利的时点相吻合。这意味着，随着户籍制度与公共服务的松绑，劳动力对公共服务的真实需求得以表现出来。因此，与其说是户籍制度限制了劳动力的流动从而导致地方公共服务竞争机制不健全，不如说是户籍制度的公共服务歧视性阻碍了劳动力对公共服务需求的表达机制。

为此，建议要在基本公共服务均等化的目标下继续深化户籍制度改革，彻底剥离捆绑在户籍制度上的公共服务利益分配机制，从而更好地发挥蒂伯特的地方公共服务竞争机制，畅通流动人口的公共服务需求的表达机制。只有这样，即使地方政府仍然以经济增长为导向，但劳动力的流动会增加资本竞争的成本，地方政府在为资本竞争的同时也不得不重视公共服务支出竞争从而吸引并留住稀缺的人力资源。因此，地方政府的竞争激励将从单纯的增长导向转为增长与公共服务并重，从而切实转变政府职能，改善财政支出结构，也为地方政府竞争带来更多的政策工具。劳动力的自由流动和地方公共服务竞争机制能强化居民对地方财政支出行为的约束，使地方政府回归其提供公共服务的基本职能。

二、改革政绩考核机制，重塑地方政府的竞争激励

发挥地方公共服务竞争机制是从公共服务的需求侧倒逼地方政府提升公共服务供给水平。但更为快速有效的解决办法是，直接改变地方政

府的竞争激励，从公共服务的供给侧直接形成新的竞争激励。本书第四章的财政支出竞争模型中，假设地方政府对公共服务与经济增长的偏好外生给定，并认为该偏好取决于中央政府对地方官员的政绩考核机制与地方官员的自身行为偏好。因而，其他文献所提出的单纯通过健全转移支付制度、理顺财政收支关系等政策建议都无法彻底改变地方政府的竞争激励，这些都是治标不治本的建议。

要想重塑地方政府的竞争激励，改革政绩考核机制是必须迈出的一步。许多文献均建议，要构建政绩考核的综合指标体系，在 GDP 增长率的基础上加入其他的考核指标，如包括绿色 GDP 在内的生态文明指标与社会发展指标等，从而树立正确的发展导向。但综合指标体系的设计与实施都面临不小的挑战，例如，考核指标设置与权重赋值的不合理、指标设置过于粗化及指标在实际中难以度量等问题都会影响综合指标考核机制的发挥。此外，有必要在公共服务评价领域建设公众参与机制，畅通居民对地方政府公共服务供给的评判渠道，建立居民的公共服务机制。

三、积极探索"人地挂钩"政策，健全住房多元供应体系

本书的研究发现，发达地区高涨的房价对高低技能劳动力流动的异质化影响是造成地区收入差距持续扩大的重要原因之一，而人地错配所造成的住房供需失衡是导致我国发达地区房价高涨的根源。我国土地资源配置上长期存在控制东部地区建设用地与增加中西部建设用地的倾向，这一政策倾斜原本旨在支持中西部地区的发展。但土地资源配置与人口流动方向相背离，反而抬高了东部地区的房价，阻碍了劳动力的自由流动，特别是低技能劳动力的流动性降低，进而削弱了低技能劳动力促进地区收入差距收敛的机制。同时，还造成了中西部地区大量土地资源的

闲置，并可能引发更深层次的社会经济问题，如城市产业空心化、贫富差距拉大、阶层固化等。

因此，笔者认为，区域的均衡发展应该充分考虑人口向发达地区集聚这一客观经济规律，以常住人口增量为核心改革土地资源配置。在2014年国务院公布的《国家新型城镇化规划（2014－2020年）》中曾提出，要"探索实行城镇建设用地增加规模与吸纳农业转移人口落户数量挂钩政策"①；2016年9月国土资源部、国家发展和改革委、公安部等多部委联合印发的《关于建立城镇建设用地增加规模同吸纳农业转移人口落户数量挂钩机制的实施意见》中明确提出，"建立城镇建设用地增加规模同吸纳农业转移人口落户数量挂钩机制的目标任务是，到2018年，基本建立人地挂钩机制""超大和特大城市的中心城区原则上不因吸纳农业转移人口安排新增建设用地"②。建议继续加大对土地供应与人口流动方向相匹配的政策研究与探索，即使超大、特大城市的中心城区原则上不需要进行供需匹配，但这些城市的外围地区仍然可以纳入新增用地指标的规划，如坚持都市圈城市群战略，通过开辟卫星城分担中心城区的部分功能、优化城市布局。

此外，高房价对低技能劳动力挤出效应还源于我国住房市场重销售轻租赁。2015年1%人口抽样调查资料显示，我国城镇居民住房来源中买房、自建、租赁及其他的比例为45∶34∶16∶5，可以发现存在住房自有率高、租房率低的明显结构偏差，而发达国家如德国、日本、英国的租赁比例高达55%、39%、37%。另外，保障房也存在供给不足、进入门槛高、退出门槛低等问题。在实际操作层面，多数保障房如经济适用房，

---

① 《国家新型城镇化规划（2014－2020年）》，中央人民政府网站，http：//www.gov.cn/gongbao/content/2014/content_2644805.htm？76p。

② 国土资源部、国家发展和改革委、公安部、人力资源社会保障部、住房和城乡建设部关于印发《关于建立城镇建设用地增加规模同吸纳农业转移人口落户数量挂钩机制的实施意见》的通知，中央人民政府网站，http：//www.gov.cn/gongbao/content/2017/content_5204901.htm。

申请条件要求"具有当地城镇户口"与"家庭收入符合市、县人民政府划定的低收入家庭收入标准",通过户籍和收入限制将非户籍家庭及不符合保障房条件但又买不起商品房的"夹心层"家庭排除在外;而在退出方面,经济适用房房主 5 年后即可拥有全部产权,并可以按照同地段普通商品住房与经济适用住房差价的一定比例交纳土地收益等价款后出售房产,相对较低的退出门槛导致房主可获得较大的退出收益。因此,建议要丰富住房的供应主体,建立多元主体供给型的住房体系,同时还要加大各类保障性住房的供应力度,优先将新增用地用来保障廉租房和经济适用房的供应,最终,形成"高收入靠市场、中等收入有支持、低收入有保障"的阶梯化住房供给结构。

四、调整完善积分落户政策,畅通劳动力流动渠道

本书的研究发现,户籍制度的公共服务歧视性与改革的"放小抓大"也是造成地区收入差距不断扩大的制度因素之一。回顾近年来的户籍制度改革,可以发现主要是人口规模较小的地区放松了落户条件,但在人口集中的超大、特大城市落户门槛不减反增,部分大城市甚至利用高落户门槛有选择性地筛选优质的劳动力(魏东霞和谌新民,2018)。这一改革偏向虽然旨在引导人口的有序流动,防止大量人口涌向大城市加剧"城市病"的问题,但由于大部分超大、特大城市的积分落户制度都包含了购房指标,导致流动人口为了获得当地公共服务而购房的刚性需求激增,从需求侧强化了公共服务的房价资本化机制。

因此,建议要放开放宽除个别超大城市以外的落户限制,调整完善积分落户政策,同时在超大、特大城市试行居住证制度。2020 年 4 月,国家发改委印发的《2020 年新型城镇化建设和城乡融合发展重点任务》提出,"鼓励有条件的 I 型大城市全面取消落户限制、超大特大城市取消

郊区新区落户限制"①。同一时间，国务院印发的《关于构建更加完善的要素市场化配置体制机制的意见》也提出，要"放开放宽除个别超大城市外的城市落户限制，试行以经常居住地登记户口制度"。居住证制度旨在剥离捆绑在户籍制度上的公共服务权益，保证流动人口享受基本公共服务的合法权利，因而，要以落实基本公共服务均等化为目标，避免超大、特大城市的居住证制度同户籍制度一样沦落为筛选流动人口的政策工具，还要防止居住证制度取代户籍制度成为捆绑公共服务利益的新载体，加快研究居住证制度在实践操作层面的相关细则，合理确定居住证制度申请条件，有效推进该制度的落地实施。

五、推进基本公共服务均等化，健全公共服务多级政府共担机制

基本公共服务均等化从机会均等的角度，旨在保障人民群众得到大致均等的基本公共服务，实现改革发展成果的均等共享，流动人口平等享有基本公共服务不仅关系社会公平，也是影响劳动力流动的一个重要因素。2020年，国务院印发的《关于构建更加完善的要素市场化配置体制机制的意见》提出，要"建立城镇教育、就业创业、医疗卫生等基本公共服务与常住人口挂钩机制，推动公共资源按常住人口规模配置"，而基本公共服务均等化的实现离不开财政均衡制度的安排。

因此，建议要建立健全流动人口及其家庭成员的公共服务多层级政府共担机制，特别是要考虑流动人口子女的义务教育经费。建议对于省内流动人口，建立省级财政转移支付制度；对于跨省流动人口，建立中央财政转移支付制度；并加大对欠发达地区的资金倾斜，保障欠发达地

---

① 《国家发展改革委关于印发〈2020年新型城镇化建设和城乡融合发展重点任务〉的通知》，国家发展和改革委员会网站，https：//www.ndrc.gov.cn/xxgk/zcfb/tz/202004/t20200409_1225431.html。

区公共服务支出责任的履行。在《国家新型城镇化规划（2014－2020年)》提出的"探索实行城镇建设用地增加规模与吸纳农业转移人口落户数量挂钩政策"指导下，尝试探索城市新增建设用地指标与流动人口新增人均公共服务支出相挂钩的政策，既解决了财政转移支付资金不足的问题，又形成了地方政府为流动人口提供基本公共服务的激励机制。

六、尊重客观规律，通过破除要素流动障碍促进区域协调发展

高技能劳动力容易形成经济集聚效应，促使企业与产业的集聚，又能进一步吸引更多高技能劳动力的聚集，这一过程不断循环累积，造成"强者恒强"的趋势，因而市场的一体化会导致区域发展差距扩大，但这在新经济地理学的框架下是一个非常正常的现象。从全球范围看，"集聚性"和"非均衡性"似乎是主要趋势，极化是世界经济发展的常态，2009 年联合国的世界发展报告《重塑世界经济地理》提到，"不平衡的经济增长与区域和谐发展是可以并行不悖、相辅相成的"。

因此，建议在制定区域均衡发展战略上，要充分考虑我国地域广阔、各地区资源禀赋与发展条件的差异，不能过于强调区域的均衡发展、盲目地追求全部地区的工业化与产业结构升级。要在尊重区域特性和市场规律的基础上，充分发挥各地区间的比较优势，促进要素合理流动，形成地区间合理的分工，实现地区间优势互补的生产价值链，才是最优、最有效的区域均衡发展路径。

这一趋势在政府近年来出台的区域政策上也有所体现，党的十九大提出要"建立更加有效的区域协调发展新机制"，以及建立"以城市群为主体构建大中小城市和小城镇协调发展的城镇格局，加快农业转移人口

市民化"。习近平总书记 2019 年 12 月在《求是》发表的《推动形成优势互补高质量发展的区域经济布局》一文中也指出，"尊重客观规律。产业和人口向优势区域集中，形成以城市群为主要形态的增长动力源，进而带动经济总体效率提升，这是经济规律"，以及"发挥比较优势。经济发展条件好的地区要承载更多产业和人口，发挥价值创造作用。生态功能强的地区要得到有效保护，创造更多生态产品。要考虑国家安全因素，增强边疆地区发展能力，使之有一定的人口和经济支撑，以促进民族团结和边疆稳定"①。2020 年，国务院印发的《关于构建更加完善的要素市场化配置体制机制的意见》中再次强调，要"破除阻碍要素自由流动的体制机制障碍""充分发挥市场配置资源的决定性作用，畅通要素流动渠道"，从而"为建设高标准市场体系、推动高质量发展、建设现代化经济体系打下坚实制度基础"②。

可见，我国对区域均衡发展战略进行了相应的调整，超越了原有的四大区域与省级行政区的划分，形成了两个经济协同带与多个城市群的新格局，更多地强调区域间的协同发展效应。同时，我国政府也不再过度使用行政手段来干涉要素流动与促成地区均衡发展，而是重在破除生产要素流动的各种体制机制壁垒，进一步推动要素市场化改革，让市场机制更充分地发挥作用，在集聚中促进区域协调发展。

第三节 不足与展望

首先，在财政竞争的理论研究上，本书假设同级政府之间是同质的，

① 习近平. 推动形成优势互补高质量发展的区域经济布局 [J]. 求是，2019 (24).
② 中共中央 国务院关于构建更加完善的要素市场化配置体制机制的意见，中央人民政府门户网站，http：//www. gov. cn/zhengce/2020 – 04/09/content_5500622. htm。

因此理论模型推导出的纳什均衡解都是对称的，这也意味着同级政府间的支出竞争是策略互补的。但现实是，区域之间存在差异，对称的纳什均衡解过于理想化。由于本书的研究主要想探讨的是劳动力流动是否能改善支出结构的偏向问题，地方政府的不对称竞争和多重竞争策略并非是本书的研究重点，因而可以进行抽象与简化。但在财政竞争的相关文献中，有许多学者都考虑了不对称竞争的情况，并对基准模型进行了拓展，在此情况下，地区间的财政竞争策略将不再是单纯的策略互补，会呈现出更加复杂化的多重竞争策略。过去，学者们对于地区异质性的设定也各有不同，如人口规模的差异、资源与资本禀赋的差异、国家大小的差异及中心与边缘地区的差异（Bucovetsky，1991；Wilson，1991；Haufler & Wooton，1999；Borck & Pflüger，2006；Cai & Treisman，2005；Peralta & Van Ypersele，2005），这些丰富的地区异质性内涵都不失为模型进一步拓展的方向。

其次，在第六章分析土地供给政策和户籍制度对地区收入差距的影响时，是通过公共服务的房价资本化机制传导的，本书将公共服务、房价、异质性劳动力流动等多种要素结合在一起。由于这一作用机制过于复杂，未能将其加以模型化，但事实上关于异质性劳动力流动对收入差距的影响，在理论研究上已有非常成熟的基准模型（赵伟和李芬，2007），下一步可能的拓展方向是将公共服务资本化机制与之相结合，这将是一项十分有趣但又具有挑战性的工作。

最后，在实证研究上，采用微观调查数据来研究劳动力流动的行为的确更加合理。但本书使用的 CMDS 数据存在一个问题是，它仅仅包含了流动人口这一特殊群体的情况，无法代表未流动人群或者户口同时发生迁移的人群的情况，因此，在样本上可能存在一定的选择性样本偏差问题。但是其他微观数据库又多多少少存在其他方面的缺陷，例如，中山大学的中国劳动力动态调查数据，目前仅公开了 2012 年、2014 年、

2016 年三轮调查结果，从时间跨度上要比 CMDS 数据短且不具有连续性，想要结合宏观面板数据进行实证分析也具有一定的难度。因此，综合权衡下，只能选择时间跨度长、包含人口流动资料更为广泛但存在一定样本偏差的 CMDS 数据，未来若能有更为合适的微观调查数据，将可以展开更精准的研究工作。

附　录

关于 CMDS 数据中样本权重的使用说明

一般在进行样本数据分析时，通常假定数据是在理想状态下通过随机抽样获得的。但事实上，大多数微观调查数据都不是通过简单的随机抽样方法获得的，一是因为数据太难获得，二是因为效率太低。而当随机抽样以外的其他抽样方法被应用时，样本数据可能无法代表总体。

具体而言，例如，一个省份中有 A、B、C 三个城市，总人数分别为 3 000 人、2 000 人与 1 000 人，由于调查过程的限制，三个城市实际收集的样本数分别为 200 人、100 人与 100 人。与总体相比，C 城市的抽样比例相对最高（10%），A 城市次之（6.67%），B 城市最低（5%）。若不进行调整，由于 C 城市的样本占比相对较高，估计结果会偏向 C 城市。

本书使用的 CMDS 数据存在同样的隐患，该数据采用的是分层、多阶段、与规模成比例的 PPS 抽样方法，并非为真正意义上的随机抽样，因而样本数据与总体流动人口数据也可能存在偏差。

因此，CMDS 数据构建了一个样本权数，根据《2017 年全国流动人口卫生计生动态监测调查手册》的介绍①，历年的样本权数均由三个部分构成——设计权数、无回答权数及事后调整权数，计算方法如下。

---

① 国家卫健委流动人口数据平台，http://www.chinaldrk.org.cn/wjw/#/data/classify/population/yearList。

1. 设计权数：由于各层之间的样本分配比例与其在总体中的比例不一致，因此需要对各层之间赋予权数，使最终样本比例与总体的比例保持一致。

$$W_h = \frac{N_h/N}{n_h/n} \tag{1}$$

其中，N 表示总体的流动人口数，N_h 表示总体中第 h 层的流动人口数。

2. 无回答权重：实际调查过程中，总会遇到替换后仍无法完成调查任务量的情况，或者由于调查对象不符合要求，在数据清理阶段进行了清除，因此需要进行无回答加权。

$$W_{hi} = \frac{20}{n_{hi}} \tag{2}$$

其中，n_{hi} 表示第 h 层第 i 个样本点实际调查的合格对象数。

3. 事后调整权数：由于无法直接获得总体的性别年龄结构，拟采用各样本点上报花名册构成的全国第三阶段抽样框作为一个近似总体，从中获得性别年龄结构。此外，还将根据第二阶段上报抽样框中的居住形态数据作为事后加权的依据。设定 A 为样本的事后调整取数。

4. 标准化权数：将上述三种权数相乘后，还需要进行标准化处理，将分析时的样本数还原到实际调查样本数。

$$W\_l = \frac{W_h \times W_{hi} \times A}{\frac{1}{n} \sum W_h \times W_{hi} \times A} \tag{3}$$

因此，本书在对 CMDS 数据进行统计分析时，均使用了 W_l 这一样本权重进行了调整。

参 考 文 献

[1] 曹安迪. 教育不平等、城乡收入差距与新型城镇化——基于 2001 – 2011 年省级面板数据的实证研究 [J]. 江苏高教, 2015 (6): 68 – 71.

[2] 陈波, 贺超群. 出口与工资差距: 基于我国工业企业的理论与实证分析 [J]. 管理世界, 2013 (8): 6 – 15, 40, 187.

[3] 陈建军, 杨飞. 人力资本异质性与区域产业升级: 基于前沿文献的讨论 [J]. 浙江大学学报 (人文社会科学版), 2014, 44 (5): 149 – 160.

[4] 陈秋玲, 黄天河, 武凯文. 人力资本流动性与创新——基于我国人才引进政策的比较研究 [J]. 上海大学学报 (社会科学版), 2018, 35 (4): 124 – 140.

[5] 陈文权, 李星. 我国地方政府"人才争夺大战"现象理论探讨——基于人力资源管理视角 [J]. 天津行政学院学报, 2018, 20 (5): 3 – 10, 2.

[6] 陈勇, 柏喆. 技能偏向型技术进步、劳动者集聚效应与地区工资差距扩大 [J]. 中国工业经济, 2018 (9): 79 – 97.

[7] 储德银, 邵娇. 财政纵向失衡、公共支出结构与经济增长 [J]. 经济理论与经济管理, 2018 (10): 30 – 43.

[8] 储德银, 邵娇. 财政纵向失衡与公共支出结构偏向: 理论机制诠释与中国经验证据 [J]. 财政研究, 2018 (4): 20 – 32.

[9] 丛树海. 基于调整和改善国民收入分配格局的政府收支研究 [J]. 财贸经济, 2012 (6): 15 - 20.

[10] 崔百胜, 朱麟. 基于空间面板模型的中国省际居民收入差距分析 [J]. 华东经济管理, 2014, 28 (11): 53 - 58.

[11] 丁菊红, 邓可斌. 政府偏好、公共品供给与转型中的财政分权 [J]. 经济研究, 2008 (7): 78 - 89.

[12] 董理, 张启春. 我国地方政府公共支出规模对人口迁移的影响——基于动态空间面板模型的实证研究 [J]. 财贸经济, 2014 (12): 40 - 50.

[13] 杜雪君, 黄忠华, 吴次芳. 房地产价格、地方公共支出与房地产税负关系研究——理论分析与基于中国数据的实证检验 [J]. 数量经济技术经济研究, 2009, 26 (1): 109 - 119.

[14] 范剑勇, 莫家伟. 地方债务、土地市场与地区工业增长 [J]. 经济研究, 2014 (1): 41 - 55.

[15] 范剑勇, 张雁. 经济地理与地区间工资差异 [J]. 经济研究, 2009, 44 (8): 73 - 84.

[16] 付文林, 耿强. 税收竞争、经济集聚与地区投资行为 [J]. 经济学 (季刊), 2011, 10 (4): 1329 - 1348.

[17] 付文林. 人口流动、增量预算与地方公共品的拥挤效应 [J]. 中国经济问题, 2012 (1): 41 - 53.

[18] 傅勇, 张晏. 中国式分权与财政支出结构偏向: 为增长而竞争的代价 [J]. 管理世界, 2007 (3): 4 - 12.

[19] 傅勇. 中国式分权、地方财政模式与公共物品供给: 理论与实证研究 [D]. 复旦大学, 2007.

[20] 龚锋, 卢洪友. 公共支出结构、偏好匹配与财政分权 [J]. 管理世界, 2009 (1): 10 - 21.

［21］郝寿义，安虎森．区域经济学（第三版）［M］．北京：经济科学出版社，2015．

［22］何强，董志勇．转移支付、地方财政支出与居民幸福［J］．经济学动态，2015（2）：56－65．

［23］侯慧丽，程杰．老龄化社会中养老金代际代内收入差距与养老金再分配［J］．人口与发展，2015，21（1）：12－21．

［24］胡李鹏，樊纲，徐建国．中国基础设施存量的再测算［J］．经济研究，2016（8）：172－186．

［25］胡婉旸，郑思齐，王锐．学区房的溢价究竟有多大：利用"租买不同权"和配对回归的实证估计［J］．经济学（季刊），2014，13（3）：1195－1214．

［26］胡文骏，刘晔．财政分权、预算结构与地方政府生产性支出偏向——基于款级科目的数据调整分析［J］．当代财经，2016（5）：33－44．

［27］金戈．中国基础设施与非基础设施资本存量及其产出弹性估算［J］．经济研究，2016（5）：41－56．

［28］金戈．中国基础设施资本存量估算［J］．经济研究，2012（4）：4－14．

［29］金巍，章恒全，陈淑云，等．城镇居民住房财富波动对收入差距影响的实证分析［J］．统计与决策，2017（12）：146－149．

［30］金相郁，武鹏．中国区域经济发展差距的趋势及其特征——基于GDP修正后的数据［J］．南开经济研究，2010（1）：79－96．

［31］孔艳芳．房价、消费能力与人口城镇化缺口研究［J］．中国人口科学，2015（5）：33－44，126－127．

［32］拉本德拉·贾．现代公共经济学（第2版）［M］．杨志勇，主译．北京：清华大学出版社，2017．

［33］黎嘉辉．城市房价、公共品与流动人口留城意愿［J］．财经研

究，2019，45（6）：86 – 100.

[34] 李拓，李斌，余曼. 财政分权、户籍管制与基本公共服务供给——基于公共服务分类视角的动态空间计量检验 [J]. 统计研究，2016，33（8）：80 – 88.

[35] 李晓宁，邱长溶，田敏. 工资地区差距的测算与分解 [J]. 统计与决策，2007（16）：132 – 134.

[36] 李晓宁，姚延婷. 劳动力转移与工资差距同时扩大的"悖论"研究——基于市场分割的视角 [J]. 当代财经，2012（4）：5 – 12.

[37] 李雪. 全球竞争、经济发展与政府福利支出：以珠三角为例 [J]. 中南大学学报（社会科学版），2018，24（4）：134 – 143.

[38] 李一花，李静，张芳洁. 公共品供给与城乡人口流动——基于285 个城市的计量检验 [J]. 财贸研究，2017，28（5）：55 – 66.

[39] 李一花，刘蓓蓓，乔敏. 土地财政成因及其对财政支出结构影响的实证分析 [J]. 财经论丛，2015（12）：18 – 24.

[40] 李永友，张子楠. 转移支付提高了政府社会性公共品供给激励吗？[J]. 经济研究，2017，52（1）：119 – 133.

[41] 梁若冰，汤韵. 地方公共品供给中的 Tiebout 模型：基于中国城市房价的经验研究 [J]. 世界经济，2008（10）：71 – 83.

[42] 林毅夫，刘培林. 中国的经济发展战略与地区收入差距 [J]. 经济研究，2003（3）：19 – 25，89.

[43] 林毅夫，刘志强. 中国的财政分权与经济增长 [J]. 北京大学学报（哲学社会科学版），2000（4）：5 – 17.

[44] 刘大帅，甘行琼. 公共服务均等化的转移支付模式选择——基于人口流动的视角 [J]. 中南财经政法大学学报，2013（4）：13 – 20，158.

[45] 刘穷志. 税收竞争、资本外流与投资环境改善——经济增长与

收入公平分配并行路径研究 [J]. 经济研究, 2017 (3).

[46] 刘修岩, 贺小海, 殷醒民. 市场潜能与地区工资差距: 基于中国地级面板数据的实证研究 [J]. 管理世界, 2007 (9): 48－55.

[47] 龙小宁, 朱艳丽, 蔡伟贤, 等. 基于空间计量模型的中国县级政府间税收竞争的实证分析 [J]. 经济研究, 2014 (8): 41－53.

[48] 卢为民, 张琳薇. 学区房问题的根源与破解路径探析 [J]. 教育发展研究, 2015, 35 (Z2): 13－17.

[49] 陆铭, 张航, 梁文泉. 偏向中西部的土地供应如何推升了东部的工资 [J]. 中国社会科学, 2015 (5): 59－83, 204－205.

[50] 吕炜, 郑尚植. 财政竞争扭曲了地方政府支出结构吗？——基于中国省级面板数据的实证检验 [J]. 财政研究, 2012 (5): 36－40.

[51] 马光荣, 张凯强, 吕冰洋. 分税与地方财政支出结构 [J]. 金融研究, 2019 (8): 20－37.

[52] 亓寿伟, 胡洪曙. 转移支付、政府偏好与公共产品供给 [J]. 财政研究, 2015 (7): 23－27.

[53] 钱金保, 才国伟. 地方政府的税收竞争和标杆竞争——基于地市级数据的实证研究 [J]. 经济学 (季刊), 2017 (2): 1097－1118.

[54] 乔宝云, 范剑勇, 冯兴元. 中国的财政分权与小学义务教育 [J]. 中国社会科学, 2005 (6): 37－46, 206.

[55] 邵朝对, 苏丹妮, 邓宏图. 房价、土地财政与城市集聚特征: 中国式城市发展之路 [J]. 管理世界, 2016 (2): 19－31, 187.

[56] 邵宜航, 汪宇娟, 刘雅南. 劳动力流动与收入差距演变: 基于我国城市的理论与实证 [J]. 经济学家, 2016 (1): 33－41.

[57] 沈坤荣, 付文林. 税收竞争、地区博弈及其增长绩效 [J]. 经济研究, 2006 (6): 16－26.

[58] 盛亦男. 中国流动人口家庭化迁居 [J]. 人口研究, 2013, 37

（4）：66 –79.

[59] 世界银行. 1994 年世界发展报告：为发展提供基础设施 ［M］.
北京：中国财政经济出版社，1994.

[60] 孙文凯，白重恩，谢沛初. 户籍制度改革对中国农村劳动力流
动的影响 ［J］. 经济研究，2011，46（1）：28 –41.

[61] 汤玉刚，陈强，满利苹. 资本化、财政激励与地方公共服务提
供——基于我国 35 个大中城市的实证分析 ［J］. 经济学（季刊），2015，
15（1）：217 –240.

[62] 唐飞鹏. 省际财政竞争、政府治理能力与企业迁移 ［J］. 世界
经济，2016（10）：53 –77.

[63] 万广华，陆铭，陈钊. 全球化与地区间收入差距：来自中国的
证据 ［J］. 中国社会科学，2005（3）：17 –26，205.

[64] 汪永成. "亲流动性要素的服务型政府"：形成机理与矫正策
略——一种分析和解决当前中国民生问题的新视角 ［J］. 学习与探索，
2008（3）：46 –52.

[65] 汪增洋，费金金. 人口迁移的空间抉择：本地城镇化抑或异地
城镇化 ［J］. 财贸研究，2014，25（6）：61 –67.

[66] 王佳杰，童锦治，李星. 税收竞争、财政支出压力与地方非税
收入增长 ［J］. 财贸经济，2014，35（5）：27 –38.

[67] 王丽娟. 人口流动与财政竞争——基于财政分区和户口政策的
比较视角 ［J］. 中央财经大学学报，2010（3）：17 –21.

[68] 王小鲁，樊纲. 中国地区差距的变动趋势和影响因素 ［J］. 经
济研究，2004（1）：33 –44.

[69] 王永钦，张晏，章元，等. 中国的大国发展道路——论分权式
改革的得失 ［J］. 经济研究，2007（1）：4 –16.

[70] 魏东霞，谌新民. 落户门槛、技能偏向与儿童留守——基于

2014 年全国流动人口监测数据的实证研究 [J]. 经济学（季刊），2018，17（2）：549 – 578.

[71] 吴彬彬，李实. 中国地区之间收入差距变化：2002—2013 年 [J]. 经济与管理研究，2018，39（10）：31 – 44.

[72] 吴帆. 中国流动人口家庭的迁移序列及其政策涵义 [J]. 南开学报（哲学社会科学版），2016（4）：103 – 110.

[73] 吴晓瑜，王敏，李力行. 中国的高房价是否阻碍了创业？[J]. 经济研究，2014，49（9）：121 – 134.

[74] 伍文中. 政府间财政支出竞争的人口流动效应分析 [J]. 统计与决策，2011（2）：132 – 134.

[75] 夏怡然，陆铭. 城市间的"孟母三迁"——公共服务影响劳动力流向的经验研究 [J]. 管理世界，2015（10）：78 – 90.

[76] 肖洁，龚六堂，张庆华. 分权框架下地方政府财政支出与政治周期——基于地级市面板数据的研究 [J]. 经济学动态，2015（10）：17 – 30.

[77] 谢贞发，范子英. 中国式分税制、中央税收征管权集中与税收竞争 [J]. 经济研究，2015（4）：92 – 106.

[78] 许召元，李善同. 区域间劳动力迁移对经济增长和地区差距的影响 [J]. 数量经济技术经济研究，2008，26（2）：38 – 52.

[79] 杨楠，马绰欣. 基于面板门槛模型的我国金融发展对城乡收入差距影响机制研究 [J]. 数理统计与管理，2014，33（3）：478 – 489.

[80] 杨巧，李鹏举. 新生代农民工家庭发展能力与城市居留意愿——基于 2014 年"流动人口动态监测调查"数据的实证研究 [J]. 中国青年研究，2017（10）：50 – 56，49.

[81] 杨仁发. 产业集聚与地区工资差距——基于我国 269 个城市的实证研究 [J]. 管理世界，2013（8）：41 – 52.

[82] 杨义武，林万龙，张莉琴. 地方公共品供给与人口迁移——来

自地级及以上城市的经验证据 [J]. 中国人口科学, 2017 (2): 93 - 103, 128.

[83] 姚枝仲, 周素芳. 劳动力流动与地区差距 [J]. 世界经济, 2003 (4): 35 - 44.

[84] 尹恒, 朱虹. 县级财政生产性支出偏向研究 [J]. 中国社会科学, 2011 (1): 88 - 101, 222.

[85] 尹振东, 汤玉刚. 专项转移支付与地方财政支出行为——以农村义务教育补助为例 [J]. 经济研究, 2016, 51 (4): 47 - 59.

[86] 余吉祥, 沈坤荣. 跨省迁移、经济集聚与地区差距扩大 [J]. 经济科学, 2013, Vol. 35 (2): 33 - 44.

[87] 约翰·冯·杜能. 孤立国同农业和国民经济的关系 [M]. 吴衡康, 译. 北京: 商务印书馆, 1986.

[88] 张海峰, 林细细, 梁若冰, 等. 城市生态文明建设与新一代劳动力流动——劳动力资源竞争的新视角 [J]. 中国工业经济, 2019 (4): 81 - 97.

[89] 张军, 高远, 傅勇, 等. 中国为什么拥有了良好的基础设施? [J]. 经济研究, 2007 (3): 4 - 19.

[90] 张军, 高远. 官员任期、异地交流与经济增长——来自省级经验的证据 [J]. 经济研究, 2007 (11): 91 - 103.

[91] 张军. 中国经济发展: 为增长而竞争 [J]. 世界经济文汇, 2005 (Z1): 101 - 105.

[92] 张军, 周黎安. 为增长而竞争: 中国增长的政治经济学 [M]. 上海: 上海人民出版社, 2008.

[93] 张磊, 韩雷. 电商经济发展扩大了城乡居民收入差距吗? [J]. 经济与管理研究, 2017, 38 (5): 3 - 13.

[94] 张莉, 何晶, 马润泓. 房价如何影响劳动力流动? [J]. 经济研

究，2017，52（8）：155－170.

[95] 张晏. 财政分权、FDI 竞争与地方政府行为 [J]. 世界经济文汇，2007（2）：22－36.

[96] 张晏. 分权体制下的财政政策与经济增长 [M]. 上海：上海人民出版社，2005.

[97] 张晏，龚六堂. 分税制改革、财政分权与中国经济增长 [J]. 经济学（季刊），2005，5（4）：75－108.

[98] 赵伟，李芬. 异质性劳动力流动与区域收入差距：新经济地理学模型的扩展分析 [J]. 中国人口科学，2007（1）：27－35，95.

[99] 钟笑寒. 改革时期中国各地区工资演变 [J]. 清华大学学报（哲学社会科学版），2005（3）：18－27.

[100] 钟笑寒. 劳动力流动与工资差异 [J]. 中国社会科学，2006（1）：34－46，206.

[101] 周黎安. 晋升博弈中政府官员的激励与合作——兼论我国地方保护主义和重复建设问题长期存在的原因 [J]. 经济研究，2004（6）：33－40.

[102] 周黎安，李宏彬，陈烨. 相对绩效考核：中国地方官员晋升机制的一项经验研究 [J]. 经济学报，2005，1（1）：83－96.

[103] 周黎安. 中国地方官员的晋升锦标赛模式研究 [J]. 经济研究，2007（7）：36－50.

[104] 周颖刚，蒙莉娜，卢琪. 高房价挤出了谁？——基于中国流动人口的微观视角 [J]. 经济研究，2019，54（9）：106－122.

[105] 周云波，陈岑，田柳. 外商直接投资对东道国企业间工资差距的影响 [J]. 经济研究，2015，50（12）：128－142.

[106] 周云波，高连水，武鹏. 我国地区收入差距的演变及影响因素分析：1985—2005 [J]. 中央财经大学学报，2010（5）：38－43.

[107] 朱翠华, 武力超. 地方政府财政竞争策略工具的选择: 宏观税负还是公共支出 [J]. 财贸经济, 2013 (10): 38 – 48.

[108] 朱红琼. 地方政府财政支出结构偏向研究 [J]. 商业时代, 2008 (22): 69 – 70.

[109] 朱洁, 苏雯锦. 人口流动对省级地方政府财政支出影响的实证研究 [J]. 东岳论丛, 2017, 38 (5): 125 – 132.

[110] 朱彤, 刘斌, 李磊. 外资进入对城镇居民收入的影响及差异——基于中国城镇家庭住户收入调查数据 (CHIP) 的经验研究 [J]. 南开经济研究, 2012 (2): 33 – 54.

[111] 踪家峰, 周亮. 大城市支付了更高的工资吗?[J]. 经济学 (季刊), 2015, 14 (4): 1467 – 1496.

[112] Acemoglu, D. , Autor, D. Chapter 12 – Skills, Tasks and Technologies: Implications for Employment and Earnings, in Handbook of Labor Economics [M]. D. Card, O. Ashenfelter, Editors. Elsevier. 2011: 1043 – 1171.

[113] Alonso, W. Location and Land Use [M]. Harvard University Press, 1965.

[114] Audretsch, D. B. , Feldman, M. P. R&D Spillovers and the Geography of Innovation and Production [J]. The American Economic Review, 1996, 86 (3): 630 – 640.

[115] Autor, D. H. , Dorn, D. The Growth of Low-Skill Service Jobs and the Polarization of the US Labor Market [J]. American Economic Review, 2013, 103 (5): 1553 – 1597.

[116] Baldwin, R. E. , Krugman, P. Agglomeration, integration and tax harmonisation [J]. European Economic Review, 2004, 48 (1): 1 – 23.

[117] Baldwin, R. E. , Martin, P. Chapter 60 – Agglomeration and

Regional Growth, in Handbook of Regional and Urban Economics [M]. J. V. Henderson, J. -F. Thisse, Editors. Elsevier. 2004: 2671 – 2711.

[118] Barro, R. J. Government Spending in a Simple Model of Endogeneous Growth [J]. Journal of Political Economy, 1990, 98 (5): 103 – 126.

[119] Barro, R. J. , Sala-i-Martin, X. Economic Growth and Convergence across The United States [J]. National Bureau of Economic Research Working Paper Series, 1990. No. 3419.

[120] Barro, R. , Sala-i-Martin, X. Regional Growth and Migration: A Japan-U. S. Comparison [R]. 1992, National Bureau of Economic Research Working Paper Series No. 4038.

[121] Baumol, W. J. Productivity Growth, Convergence, and Welfare: What the Long-Run Data Show [J]. The American Economic Review, 1986, 76 (5): 1072 – 1085.

[122] Baum-Snow, N. , Freedman, M. , Pavan, R. Why Has Urban Inequality Increased? [J]. American Economic Journal: Applied Economics, 2018, 10 (4): 1 – 42.

[123] Becker, G. S. Human Capital: A Theoretical and Empirical Analysis [M]. London: The University of Chicago Press, 1964.

[124] Bellante, D. The North-South Differential and the Migration of Heterogeneous Labor [J]. The American Economic Review, 1979, 69 (1): 166 – 175.

[125] Bernard, A. B. , Jones, C. I. Productivity and convergence across U. S. States and industries [J]. Empirical Economics, 1996, 21 (1): 113 – 135.

[126] Blanchard, O. , Katz, L. F. Wage Dynamics: Reconciling Theory and Evidence [J]. American Economic Review, 1999, 89 (2): 69 – 74.

[127] Boadway, R. , Cuff, K. , Marceau, N. Agglomeration Effects and the Competition for Firms [J]. International Tax and Public Finance, 2004, 11 (5): 623 – 645.

[128] Borck, R. , Pflüger, M. Agglomeration and tax competition [J]. European Economic Review, 2006, 50 (3): 647 – 668.

[129] Brennan, H. G. , Buchanan, J. M. The power to tax: analytical foundations of a fiscal constitution [J]. Southern Economic Journal, 1980, 48 (2).

[130] Brennan, H. G. , Buchanan, J. M. Towards a tax constitution for Leviathan [J]. Journal of Public Economics, 1977, 8 (3): 255 – 273.

[131] Bucovetsky, S. Asymmetric tax competition [J]. Journal of Urban Economics, 1991, 30 (2): 167 – 181.

[132] Bucovetsky, S. Public input competition [J]. Journal of Public Economics, 2005, 89 (9): 1763 – 1787.

[133] Bucovetsky, S. , Smart, M. The Efficiency Consequences of Local Revenue Equalization: Tax Competition and Tax Distortions [J]. Journal of Public Economic Theory, 2006, 8 (1): 119 – 144.

[134] Bucovetsky, S. , Wilson, J. D. Tax competition with two tax instruments [J]. Regional Science and Urban Economics, 1991, 21 (3): 333 – 350.

[135] Cai, H. , Treisman, D. Does Competition for Capital Discipline Governments? Decentralization, Globalization, and Public Policy [J]. American Economic Review, 2005, 95 (3): 817 – 830.

[136] Caselli, F. , Coleman II, W. J. The U. S. Structural Transformation and Regional Convergence: A Reinterpretation [J]. Journal of Political Economy, 2001, 109 (3): 584 – 616.

［137］ Comin, D. , Mestieri, M. If Technology Has Arrived Everywhere, Why Has Income Diverged? ［J］. American Economic Journal: Macroeconomics, 2018, 10 (3): 137 – 178.

［138］ Crozet, M. Do migrants follow market potentials? An estimation of a new economic geography model ［J］. Journal of Economic Geography, 2004, 4 (4): 439 – 458.

［139］ Davies, P. S. , Greenwood, M. J. , Li, H. A Conditional Logit Approach to U. S. State-to-State Migration ［J］. Journal of Regional Science, 2001, 41 (2): 337 – 360.

［140］ Devereux, M. P. , Lockwood, B. , Redoano, M. Do countries compete over corporate tax rates? ［J］. Journal of Public Economics, 2008, 92 (5): 1210 – 1235.

［141］ Diamond, R. The Determinants and Welfare Implications of US Workers' Diverging Location Choices by Skill: 1980 – 2000 ［J］. American Economic Review, 2016, 106 (3): 479 – 524.

［142］ Dixit, A. K. , Stiglitz, J. E. Monopolistic Competition and Optimum Product Diversity ［J］. The American Economic Review, 1977, 67 (3): 297 – 308.

［143］ Egger, P. , Raff, H. Tax rate and tax base competition for foreign direct investment ［J］. International Tax and Public Finance, 2015, 22 (5): 777 – 810.

［144］ Evenett, Simon J. , Keller, W. On Theories Explaining the Success of the Gravity Equation ［J］. Journal of Political Economy, 2002, 110 (2): 281 – 316.

［145］ Fenge, R. , Wrede, M. EU Financing and Regional Policy: Vertical Fiscal Externalities when Capital is Mobile ［J］. FinanzArchiv/ Public

Finance Analysis, 2007, 63 (4): 457 - 476.

[146] Forslid, R., Ottaviano, G. I. P. An analytically solvable core-periphery model [J]. Journal of Economic Geography, 2003, 3 (3): 229 - 240.

[147] Fujita, M., Thisse, J. -F. Does Geographical Agglomeration Foster Economic Growth? And Who Gains and Loses from It? [J]. The Japanese Economic Review, 2003, 54 (2): 121 - 145.

[148] Fu, Y., Gabriel, S. A. Labor migration, human capital agglomeration and regional development in China [J]. Regional Science and Urban Economics, 2012, 42 (3): 473 - 484.

[149] Ganong, P., Shoag, D. Why has regional income convergence in the U. S. declined? [J]. Journal of Urban Economics, 2017 (102): 76 - 90.

[150] Giannone, E. Skill-Biased Technical Change and Regional Convergence [R]. Society for Economic Dynamics, 2017.

[151] Glaeser, E. A Review of Enrico Moretti's The New Geography of Jobs [J]. Journal of Economic Literature, 2013, 51 (3): 825 - 837.

[152] Guo, S., Shi, Y. Infrastructure investment in China: A model of local government choice under land financing [J]. Journal of Asian Economics, 2018 (56): 24 - 35.

[153] Hansen, B. E. Threshold effects in non-dynamic panels: Estimation, testing, and inference [J]. Journal of Econometrics, 1999, 93 (2): 345 - 368.

[154] Haufler, A., Wooton, I. Country size and tax competition for foreign direct investment [J]. Journal of Public Economics, 1999, 71 (1): 121 - 139.

[155] Hauptmeier, S., Mittermaier, F., Rincke, J. Fiscal competi-

tion over taxes and public inputs〔J〕. Regional Science and Urban Economics, 2012, 42 (3): 407 −419.

〔156〕 Hayek, F. A. The Use of Knowledge in Society〔J〕. The American Economic Review, 1945, 35 (4): 519 −530.

〔157〕 Helpman, E., Krugman, P. Market Structure and Foreign Trade: Increasing Returns, Imperfect Competition, and the International Economy〔M〕. Cambridge: MIT Press, 1985.

〔158〕 Hilber, C. A. L. The Economic Implications of House Price Capitalization: A Synthesis〔J〕. Real Estate Economics, 2017, 45 (2): 301 −339.

〔159〕 Hindriks, J., Peralta, S., Weber, S. Competing in taxes and investment under fiscal equalization〔J〕. Journal of Public Economics, 2008, 92 (12): 2392 −2402.

〔160〕 Hobbes, T. Leviathan〔M〕. Baltimore: Penguin Books, 1968.

〔161〕 Hotelling, H. Stability in Competition〔J〕. The Economic Journal, 1929, 39 (153): 41 −57.

〔162〕 Hoyt, W. H. Property taxation, Nash equilibrium, and market power〔J〕. Journal of Urban Economics, 1991, 30 (1): 123 −131.

〔163〕 Hsieh, C. -T., Hurst, E., Jones, C. I., et al.. The Allocation of Talent and U. S. Economic Growth〔J〕. Econometrica, 2019, 87 (5): 1439 −1474.

〔164〕 Jensen, R., Toma, E. F. Debt in a model of tax competition〔J〕. Regional Science and Urban Economics, 1991, 21 (3): 371 −392.

〔165〕 Jin, H., Qian, Y., Weingast, B. R. Regional decentralization and fiscal incentives: Federalism, Chinese style〔J〕. Journal of Public Economics, 2005, 89 (9): 1719 −1742.

〔166〕 Kanbur, R., Keen, M. Jeux Sans Frontières: Tax Competition and Tax Coordination When Countries Differ in Size [J]. The American Economic Review, 1993, 83 (4): 877 – 892.

[167] Keen, M. J. , Kotsogiannis, C. Does Federalism Lead to Excessively High Taxes? [J]. American Economic Review, 2002, 92 (1): 363 – 370.

[168] Keen, M. J. , Kotsogiannis, C. Tax competition in federations and the welfare consequences of decentralization [J]. Journal of Urban Economics, 2004, 56 (3): 397 – 407.

[169] Keen, M. , Marchand, M. Fiscal competition and the pattern of public spending [J]. Journal of Public Economics, 1997, 66 (1): 33 – 53.

[170] Keen, M. Vertical Tax Externalities in the Theory of Fiscal Federalism [J]. Staff Papers (International Monetary Fund), 1998, 45 (3): 454 – 485.

[171] Kelders, C. , Koethenbuerger, M. Tax incentives in fiscal federalism: an integrated perspective [J]. Canadian Journal of Economics, 2010, 43 (2): 683 – 703.

[172] Kim, S. Economic Integration and Convergence: U. S. Regions, 1840 – 1987 [J]. The Journal of Economic History, 1998, 58 (3): 659 – 683.

[173] Kind, H. J. , Knarvik, K. H. M. , Schjelderup, G. Competing for capital in a "lumpy" world [J]. Journal of Public Economics, 2000, 78 (3): 253 – 274.

[174] Kotsogiannis, C. Federal tax competition and the efficiency consequences for local taxation of revenue equalization [J]. International Tax & Public Finance, 2010, 17 (1): 1 – 14.

[175] Krugman, P. Increasing Returns and Economic Geography [J].

Journal of Political Economy, 1991, 99 (3): 483 – 499.

［176］ Liesegang, C. , Runkel, M. Tax Competition and Fiscal Equalization under Corporate Income Taxation ［J］. International Tax and Public Finance, 2018, 25 (2): 311 – 324.

［177］ Li, H. , Zhou, L. -A. Political turnover and economic performance: the incentive role of personnel control in China ［J］. Journal of Public Economics, 2005, 89 (9): 1743 – 1762.

［178］ Lucas, R. E. On the mechanics of economic development ［J］. Journal of Monetary Economics, 1988, 22 (1): 3 – 42.

［179］ Mankiw, N. G. , Romer, D. , Weil, D. N. A Contribution to the Empirics of Economic Growth ［J］. The Quarterly Journal of Economics, 1992, 107 (2): 407 – 437.

［180］ Marshall, A. Principles of Economics (8th ed.) ［M］. London: Macmillan and Co, 1980.

［181］ Matsumoto, M. A note on tax competition and public input provision ［J］. Regional Science and Urban Economics, 1998, 28 (4): 465 – 473.

［182］ McFadden, D. Conditional Logit Analysis of Quantitative Choice Behaviour ［M］. In: Zarembka, P. , Ed. , Frontiers in Econometrics, Academic Press, New York, 1973: 105 – 142.

［183］ Michaels, G. , Rauch, F. , Redding, S. J. Urbanization and Structural Transformation ［J］. The Quarterly Journal of Economics, 2012, 127 (2): 535 – 586.

［184］ Moretti, E. Chapter 51 – Human Capital Externalities in Cities, in Handbook of Regional and Urban Economics ［M］. J. V. Henderson, J. - F. Thisse, Editors. Elsevier. 2004: 2243 – 2291.

［185］ Oates, W. E. Fiscal Federalism ［M］. Harcourt Brace Jovanovich, 1972.

[186] Oates, W. E. Searching for Leviathan: An Empirical Study [J].
American Economic Review, 1985, 75 (4): 748 – 757.

[187] Oates, W. E. The Effects of Property Taxes and Local Public
Spending on Property Values: An Empirical Study of Tax Capitalization and the
Tiebout Hypothesis [J]. Journal of Political Economy, 1969, 77 (6):
957 – 971.

[188] Peralta, S., van Ypersele, T. Factor endowments and welfare
levels in an asymmetric tax competition game [J]. Journal of Urban Econom-
ics, 2005, 57 (2): 258 – 274.

[189] Pollakowski, H. O. The Effects of Property Taxes and Local Public
Spending on Property Values: A Comment and Further Results [J]. Journal of
Political Economy, 1973, 81 (4): 994 – 1003.

[190] Qian, Y., Roland, G. Federalism and the Soft Budget Con-
straint [J]. The American Economic Review, 1998, 88 (5): 1143 – 1162.

[191] Qian, Y., Weingast, B. R. Federalism as a Commitment to Re-
serving Market Incentives [J]. Journal of Economic Perspectives, 1997, 11
(4): 83 – 92.

[192] Qian, Y., Xu, C. -G. Why China's economic reforms differ:
the m-form hierarchy and entry/expansion of the non-state sector [R]. 1993,
LSE Research Online Documents on Economics No. 3755.

[193] Rappaport, J. How does labor mobility affect income conver-
gence? [J]. Journal of Economic Dynamics and Control, 2005, 29 (3): 567 –
581.

[194] Romer, P. M. Endogenous Technological Change [J]. Journal of
Political Economy, 1990, 98 (5, Part 2): S71 – S102.

［195］Rosenthal, L. House Prices and Local Taxes in the UK ［J］. Fiscal Studies, 1999, 20 (1): 61 – 76.

［196］Schultz, T. W. Investment in Human Capital ［J］. The American Economic Review, 1961, 51 (1): 1 – 17.

［197］Schultz, T. W. The Value of the Ability to Deal with Disequilibria ［J］. Journal of Economic Literature, 1975, 13 (3): 827 – 846.

［198］Shioji, E. Composition Effect of Migration and Regional Growth in Japan ［J］. Journal of the Japanese and International Economies, 2001, 15 (1): 29 – 49.

［199］Silva, E. Tax competition and federal equalization schemes with decentralized leadership ［J］. International Tax and Public Finance, 2017, 24 (1): 164 – 178.

［200］Tabuchi, T., Thisse, J. -F. Taste heterogeneity, labor mobility and economic geography ［J］. Journal of Development Economics, 2002, 69 (1): 155 – 177.

［201］Taylor, A. M., Williamson, J. G. Convergence in the age of mass migration ［J］. European Review of Economic History, 1997, 1 (1): 27 – 63.

［202］Tiebout, C. M. A Pure Theory of Local Expenditures ［J］. Journal of Political Economy, 1956, 64 (5): 416 – 424.

［203］Tsui, K. Y., Wang, Y. Between Separate Stoves and a Single Menu: Fiscal Decentralization in China ［J］. China Quarterly, 2004, 177 (177): 71 – 90.

［204］Walz, U. Dynamic Effects of Economic Integration: A Survey ［J］. Open Economies Review, 1997, 8 (3): 309 – 326.

［205］Wang, S., Yang, Y. Grassroots Democracy and Local Governance: Evidence from Rural China [J]. Procedia-Social and Behavioral Sciences, 2010, 2 (5): 7164 – 7180.

[206] Wilson, J. D. A theory of interregional tax competition [J]. Journal of Urban Economics, 1986, 19 (3): 296 – 315.

[207] Wilson, J. D. Tax competition with interregional differences in factor endowments [J]. Regional Science and Urban Economics, 1991, 21 (3): 423 – 451.

[208] World Bank. World Development Report 1994: Infrastructure for Development [M]. New York: Oxford University Press, 1994.

[209] Wrede, M. Agglomeration, tax competition, and fiscal equalization [J]. International Tax and Public Finance, 2014, 21 (6): 1012 – 1027.

[210] Wrede, M. Tragedy of the Fiscal Common? Fiscal Stock Externalities in a Leviathan Model of Federalism [J]. Public Choice, 1999, 101 (3 – 4): 177 – 193.

[211] Xu, B., Zeng, J., Watada, J. Changes in Population Agglomeration Efficiency in Urban Planning, in Changes in Production Efficiency in China: Identification and Measuring [M]. Springer New York: New York, NY. 2014: 37 – 59.

[212] Yang, G., Chen, H., Meng, X. Regional Competition, Labor Force Mobility, and the Fiscal Behaviour of Local Governments in China [J]. Sustainability, 2019, 11 (6): 1776.

[213] Ye, J., Wu, X., Tan, J. Migrate to Skilled Cities: Human Capital Agglomeration and Urban-to-Urban Migration in China [J]. Emerging Markets Finance and Trade, 2016, 52 (8): 1762 – 1774.

[214] Zax, J. S. Is There a Leviathan in Your Neighborhood? [J]. American Economic Review, 1989, 79 (3): 560 – 567.

［215］Zodrow，G. R. ，Mieszkowski，P. Pigou，Tiebout，property taxation and the underprovision of local public goods ［J］. Journal of Urban Economics，1986，19（3）：356 – 370.

后 记

本书是在我的博士论文的基础上修改而成的，也是我的第一部独立专著。本书的写作见证了我的学术探索和成长过程。它的完成和出版是我学术生涯的一个标志性事件。

首先，要衷心感谢我的导师傅志华老师，本书是在傅老师的精心指导和悉心关怀下完成的。傅老师治学一丝不苟、精益求精，他的言传身教使我受益良多，是我终生学习的榜样。在攻读博士学位期间，傅老师无论是在学业、生活及个人发展方面都给予了我非常大的关怀和支持。在此向傅老师致以最诚挚的感谢！同时，还要感谢王志刚老师，王老师在论文的写作过程中给予了我许多指导建议，并都让我深受启发。在研究过程中，两位老师都给予了我极大的自由，但又在我研究思路走偏的时候及时纠正我的思想误区。虽不能一一赘述两位老师对我的所有帮助与支持，但我将始终铭记，感恩于心。

攻读博士学位的四年时间内，在学习和生活上都承蒙了各位老师的关心和指导，以及研究院诸位同学的支持与陪伴。在此，还需感谢李成威老师、韩凤芹老师在论文研究、写作与改进过程中提出的宝贵意见；感谢教务处老师与学生处老师在学业与生活上的关心和支持；感谢王琰、罗珵、柯皞、梁洪波、李立、辜良杰、赵斌、梁城城、余亮等同学在论文研究过程中给予的热情帮助与宝贵建议；感谢王妤、林杰辉两位室友的相互激励与陪伴。

最后，还要感谢我的父母与家人对我的无私关爱、支持与理解，在我遇到挫折时不断鼓励我前进，在生活上也给予了我很多支持与帮助。

特此感谢！

李承怡

2022 年 10 月